父母的觉醒 ②

如何培养自觉的孩子

【美】沙法丽·萨巴瑞（Shefali Tsabary）◎著　孙　璐◎译

Out of Control:
Why Disciplining Your Child
Doesn't Work and What Will

上海社会科学院出版社
SHANGHAI ACADEMY OF SOCIAL SCIENCES PRESS

致我的女儿玛雅

通过做你的母亲，我学会了管束散漫的自我，
变成更加有人情味的成年人；

你的求知欲、自尊心和自我认同能力每天都让我
大吃一惊，带给我无限启发。

各方赞誉

沙法丽博士为我们提供了一条开明之路,它帮助我们的孩子成为自己想要成为的人。这本书改变了我们对控制和纪律的理解,启发了我们的智慧。

——玛丽卡·乔普拉,Intent 创始人

沙法丽博士抓住了亲子冲突的根源,教会家长如何以新的方式处理这些冲突,将孩子培养成自律的人,实现更加紧密的亲子关系。读过这本深刻的著作,你将成为更强大和更高效的父母。

——劳拉·马卡姆博士,《父母平和 孩子快乐》作者

深刻、睿智、实用的育儿指南,必将改变我们对孩子和家庭生活的认识。控制孩子的成长是没有必要的,到了家长们停手的时刻了!这本书将指引我们采取一种充满觉醒、联结与爱的养育方式。

——嘉莉·康缇,《平静:宝宝舒缓指南》作者

《父母的觉醒2》将改变你的亲子关系,帮助你成为自己梦想中的父母。沙法丽博士的杰作绽放着实践的智慧,我们热情地将它推荐给所有父母!

——芭芭拉·尼克尔森与丽莎·帕克,
"亲密育儿国际组织"联合创始人、《心的联结》合著者

这本书有助于家庭关系的永久改变。它直击亲子问题的核心，令父母从中获得教益。

——艾米·麦克格雷迪，"积极育儿"创始人、
《如果我要再告诉你一次》作者

《父母的觉醒2》这本书不负众望。沙法丽博士在书中细数了她对于育儿的热情、悲悯，她走过的弯路，以及她的临床研究和经验。她巧妙地揭示了专制型父母出现的原因，告诫家长，对孩子的控制和惩罚无法达成目标，也无益于塑造理想的亲子关系。不仅如此，她还向我们展示了应该怎么做！

——基思·扎夫伦，"伟大的爸爸"项目创始人、
《如何成为一个伟大的爸爸》作者

沙法丽博士的上一本书《父母的觉醒》颠覆了传统的亲子关系，使得我们可以用全新的眼光去看待它。她的第二本书《父母的觉醒2》再次将育儿焦点对准了核心问题——家长如何以及为何管教孩子。《父母的觉醒2》提供了清晰的指示，使得我们能够从控制孩子这种落后的教养方式中解放出来。沙法丽博士总能促使我们将育儿水平提升到一个新的高度，《父母的觉醒2》亦不例外。家长将从全新的角度来看待纪律手段，去建立心灵层面而非角色层面的亲子关系。强烈推荐沙法丽博士丰富而有效的育儿方法。

——安妮·伯恩赛德，《灵魂育儿》作者

新颖、发人深省、改变生活！《父母的觉醒2》深刻思考了父母的角色及其在教会孩子自律和保持自我方面发挥的作用，引导有勇气的父母采取觉醒的教养方式。本书将引领你走上智慧之旅：时而温柔督促，时而积极鼓励。无论采用哪种方式，你都将实现巨大的飞跃！

——洛瑞·皮特罗，演说家、亲子教育者、"爱的教育"创始人

很少有一本书能够彻底改变你的思维、感觉和行为。《父母的觉醒2》就是这样一本书！它讨论了亲子冲突的原因，促使我们重新审视亲子关系，让它变得更加亲密、自由和快乐。

——茱莉·克莱汉斯，教育改良专家、父母培育师

深刻而具有开拓性，《父母的觉醒2》创造了全新的育儿方式。沙法丽博士巧妙地解决了复杂的难题，向家长提供了清晰有用的宝贵指导。许多家长都非常关注孩子的未来以及他们的潜能，这本书就是送给他们的一份礼物。

——杰西·A.梅茨格博士，临床心理学家

《父母的觉醒2》是一本杰出的作品，讨论了当今社会最重要的任务之一：如何培养和尊重我们的孩子。沙法丽博士熟练地拆除了纪律的古老束缚，坚定地指引我们帮助孩子成为快乐、健康、自信和自律的人。令人惊讶的是，她做到了不说教！这是家长和教育工作者的必读书。

——塞拉·拉奥，共同传媒总裁

这本书改变了游戏规则，扭转了纪律的概念，向我们展示了一种全新的革命性的教育方式。如果你希望亲子关系蓬勃发展，《父母的觉醒2》是必读书！

——贝琳达·安德森，认证生活指导师、《生活由内而外》作者

沙法丽博士的书涉及育儿转型的各个层面。它向我们展示了如何透过孩子的表面行为，与他们进行深层次联结。这难道不是每位家长都想要的吗？作为一名训练有素的行为治疗师，《父母的觉醒2》最初对我的思维方式提出了挑战。然而，一旦走出舒适区，我马上发现了它的可贵，它让我对亲子关系产生了全新的认识。

——费尔辛·帕特尔，文学硕士、行为治疗师

新颖、出色、富有见地的育儿书！《父母的觉醒2》促使家长们放弃古老的惩罚方式，让孩子面对无害的自然结果，从而使他们变得更有责任感、同情心和韧性。

——达维娜·库图斯基博士，作家、心理学家

沙法丽博士告诉我们，父母先接纳自我，才能承认孩子的真实自我，并通过这种联结察觉孩子的脆弱和好奇，与他们形成共鸣和协调。而传统的纪律以各种形式抑制这样的联结。《父母的觉醒2》提供了看待孩子"不良行为"的新视角，以此解放父母，深化亲子关系，治愈孩子和我们的痛苦。

——苏珊·诺思拉普·埃尔德雷奇，临床社工、心理治疗师

沙法丽博士再次击中要害，阐明了育儿的本质。通过揭示我们最深层的焦虑，她向我们展示了父母是如何阻碍孩子的发展而不是促进它的。想要提升育儿水平的人都应该读读《父母的觉醒2》，它已经不可逆转地改变了我的育儿理念。

——贝弗利·安德森，自闭症专家

阅读沙法丽博士的杰作《父母的觉醒2》可能是痛苦的，它让我们正视自身的缺陷和育儿方式的弊端。通过生动的事例和明智的见解，沙法丽博士将缺陷与弱点化为真理的灯塔。读完本书，你将被知识和力量武装，打破控制的怪圈，开启新的育儿方式，最终造福你和你的孩子。《父母的觉醒2》针砭现实、道理确凿、言辞优美，是不满于亲子关系和困惑于管教手段的家长的必读书。

——苏珊妮·科布，《孩子在家时》编辑

沙法丽博士完美地阐释了亲子关系的实质，以及家长是如何导致孩子做出各种行为的。很多书只知道告诉家长如何管理孩子，这本书却告诉家长如何先改变和了解自己。它是父母或监护人的必读书。

——肖恩·艾克诺德，《艾莉、鳄鱼和七颗石头》作者

沙法丽博士的新书《父母的觉醒2》是我们期待已久的好书。它深入挖掘了觉醒的教养方式的重要性，分析了处罚和纪律手段无效甚至有害的原因。这本书提供了新的范式和方法，让我们以新的视角观察亲子关系，避免受到既有经验和对未来忧虑的干扰，从而发展出健康的亲子关系——基于相互尊重和理解，而不是恐惧和责备。践行这种理念的父母无疑会在育儿过程中体验到更多的共情和热情。

——凯西·卡萨尼·亚当斯，临床社工、认证亲子教练、《自觉的父母》作者、禅修育儿电台主持人

受够了那些惩罚孩子的老办法！《父母的觉醒2》提供了新的方法，它将彻底革新你的育儿方式。沙法丽博士告诉我们如何以深入和真实的方式与孩子互动，而非依靠那些虚假和速战速决的策略。想要激励和启发孩子的家长必读。

——谭雅·彼得斯博士，临床心理学家

如果你今年只能读一本育儿书，请拿起《父母的觉醒2》吧！标题说明了一切！我们的孩子甚至我们自己，都处于失控状态，到了学习如何改变现状的时候了！当今社会，家长要么独断专行，要么宠溺孩子，使得孩子无法主宰自己的人生，得不到丝毫快乐。沙法丽博士既是母亲，也是心理学家，她教会我们找到理智的路径，也提供了很多易于操作的方法。本书讲述的温柔、强大、有效的育儿方式令人耳目一新。

——杰奎琳·格林，"伟大育儿秀"主持人

如果我在初为父母和老师的时候读到《父母的觉醒2》就好了，过去我一点都不知道自己的方法只会起反作用！这本书阐明了亲子关系变得不正常的原因，以及我们要怎样做才能避免走偏。这本书完全改变了我的育儿和教学方式，我希望每一位家长和老师都能经历如我一样的改变。

——马利尼·堀内，纽约市教师和家长

我们需要聆听孩子的心声，让他们做真实的自己，《父母的觉醒2》教给我们如何去做。沙法丽博士提醒我们，纪律不应作为孩子的行为准则，家长必须深思熟虑地指引他们。所有父母和准父母必读这本书。

——卡伦·弗里杰尼，纽约顶峰学校校长

《父母的觉醒2》是一本强大的好书！它的智慧和见解将彻底改善每一位父母与孩子的关系。作为一名13岁和12岁孩子的母亲，我已经多次见证过教养孩子过程中纪律的无效，但苦于别无他法。而沙法丽博士为我提供了一种新颖出色的教养方式，每位家长都应该读这本书！！

——斯蒂芬妮·格尔伯德，两个孩子的母亲

我的孩子

我的孩子不是供我作画的画架，

也不是供我打磨的钻石；

我的孩子不是让我炫耀的奖杯，

也不是我的荣誉徽章；

我的孩子不是一个想法、期望或幻想，

也不是我的倒影或遗产；

我的孩子不是我的傀儡或计划，

也不是我的奋斗和欲望。

我的孩子在这里摸索、踉跄、尝试、哭泣、

学习、闯祸、失败、再次尝试；

我的孩子聆听着成年人听不清楚的鼓点节奏，

跳一曲自由的舞蹈。

我的任务是站在一旁，

相信无限的可能，

治愈我自己的伤口，

装满我自己的水桶，

让我的孩子飞翔。

沙法丽·萨巴瑞博士

前　言

很少有这样一本书，它的到来能够打破社会倾向的行事方式，让我们以全新的方法处理问题——它具有把我们"打回原形"的巨大力量。

对很多人来说，《父母的觉醒2》一书的内容是非常新颖的。有些人也许会感到震惊，仿佛受到当头棒喝。而对另一些人来说，这本书是对其为人父母的方式的确认，为他们提供了洞察力和在大多数地方根本无法找到的支持。

对于许多像我一样拥有成年子女的人，经常会遇到的问题是："我在养育孩子的时候，怎么没有碰到这本书？"

一个简单的事实是，我们并不知道沙法丽·萨巴瑞博士在《父母的觉醒2》这本书中与我们分享了令人惊异的见解。虽然我们爱孩子并努力做到最好，但我们的方法是基于人生经历和个人的成长经验。因此，我们其实不知道如何以不同的方式抚养孩子——以一种更柔和、更可靠的方式，让孩子成为自信、快乐、有责任感的成年人。

电影《耶稣基督万世巨星》（*Jesus Christ Super Star*）的原声带中有一首歌曾经唱道："我们可以重新开始吗？"想必有人现在会想起这句歌词。好消息是，无论作为父母还是需要教养孩子的人，我们都可以重新开始！

当我们反思社会长期以来惯用的育儿方式的时候，会发现很多都是传统所接受的"事情该如何做"之类的老套路，已经不适用于现在这个自由、权利和认知逐渐增长的时代。时代翻天覆地的变化，在社会中引发的深层裂缝到处可见，在我们的家庭和孩子方面的表现尤其突出。

到现在为止，我们一直生活在家长式理念为主导的社会，这反映在所有主要机构的运作方式上。这种"权力"的模式之所以能够成功，是因为迄今为止大多数人还会认为，如果没有强制的服从——即控制——一切秩序都会分崩离析，而且会引发混乱。

我们正处于由服从他人权力的世界到人们普遍平等和相互尊重的世界转变的重要阶段。所以，这种转变势必影响到我们的一言一行乃至一呼一吸，包括我们的家庭生活，更确切地说是我们作为父母与子女的相处方式。

沙法丽博士邀请我们，甚至恳求我们，调整原本以"权力"为基础的育儿方式，将其转变为尊重孩子、珍惜亲子关系的理念。为了做到这一点，我们必须正视自身成长过程中遇到的伤害，从而在养育自己孩子的过程中，在更高的意识层面得到疗愈。

让我们一方面勇敢把握抚育我们子女的机会，同时保持开放的心态，赋予其成长的自由——做最爱他们的管家，让他们发展出攀登道德最高峰，自信而成功地穿越生活中最令人生畏的急流的能力。

他们到我们这里来，不是来自我们自己的种子，而是上天的恩赐，是从神性而来。我们有机会和荣幸成为照料他们的园丁——浇水、除草、施肥、欣赏，满怀感激之情将幼苗培育为茁壮的植物。

我们大多数人都熟悉的说法是："凭着他们的果子，就可以认出他们来。"那么，与之类似的比喻是："作为父母，凭着我们的花园，就可以认出我们的成就。"

好吧，我刚刚听到我的主编说："不用说那么多，只要说'不要放弃这本书'就可以了！"

康斯坦斯·凯洛格，合十出版社出版人

目录

Chapter 1　为什么纪律不管用？　1

Chapter 2　一个以控制为主的世界　9

Chapter 3　真的是"为了孩子好"吗？　17

Chapter 4　让后果教育孩子　25

Chapter 5　为什么过度保护会让孩子不负责任？　33

Chapter 6　如何为孩子设定界限？　41

Chapter 7　孩子对你的诚信提出了挑战　49

Chapter 8　如何有效地表达肯定和否定？　57

Chapter 9　你不是电影制片人　67

Chapter 10　放弃完美的理念　75

Chapter 11　这里住着一个坚强的孩子　83

Chapter 12　这与你无关　93

Chapter 13　学习阅读孩子的心情　101

Chapter 14　尊重孩子意味着什么？　109

Chapter 15　你的要求公平吗？　117

Chapter 16　在孩子的过渡阶段保持理智　123

Chapter 17　哄骗孩子并不容易　129

Chapter 18	当孩子疏远你的时候	137
Chapter 19	关于规则的规则	147
Chapter 20	如何应对叛逆的青少年？	155
Chapter 21	避免"作业战役"	161
Chapter 22	孩子为什么会欺负别人？	169
Chapter 23	兄弟姐妹之间的竞争	177
Chapter 24	棍棒底下不一定出孝子	185
Chapter 25	执行纪律的隐藏原因	193
Chapter 26	联结的力量	201
Chapter 27	见 证	207
Chapter 28	调 查	215
Chapter 29	中 立	221
Chapter 30	协 商	229
Chapter 31	共 情	235
Chapter 32	重复、练习和解决	241

后 记　248

附录1　在冲突时刻保持清醒的秘诀　250

附录2　非纪律性的正强化策略　253

致 谢　257

WHY DISCIPLINE DOESN'T WORK
Chapter 1　为什么纪律不管用？

在"囚徒－监狱长"的养育模式中，扮演囚犯角色的孩子，做的事情非对即错。作为监狱长的父母，除了奖励和惩罚之外，不会干别的。

"我的孩子就是不听我的，"一位家长告诉我，"不管我说什么，都是对牛弹琴。家庭作业是一场噩梦，家务事是一场持久战，一切都是斗争。"

"举个例子，比如最近的一次？"我问。

"首先，我朝她喊。然后，我威胁要取消她的一些权利。"

"给我一个具体的例子。"

"她不做家庭作业，反而打了一晚上电脑游戏。所以，我把她的手机没收了两个星期。"

"后来呢？"

"后来就乱套了。她朝我喊，说她恨我，再也不想跟我说话了。她躲在房间里哭了两个小时。我已经没有什么可以没收的了，怎么做都没有用！"

这是否听起来很熟悉？

哪个父母没有在某些时候威胁过他们的孩子？如果他们顶嘴，我们就不让他们看电视。如果他们翻白眼，我们就不让他们玩。如果他们考不好，我们就不带他们去迪士尼乐园。如果他们不收拾自己的房间，我们就拿走他们的iPod。我们的口头禅是："如果你不＿＿＿＿＿＿＿，那么我就＿＿＿＿＿＿＿。"我们竭尽所能，试图控制我们的孩子。

大多数家长会发现自己习惯于对孩子发布各种禁令。我称之为"囚徒－监狱长"的养育模式。监狱长必须密切留意孩子的行为。扮演囚犯角色的孩子，做的事情非对即错。作为监狱长的父母，除了奖励和惩罚之外，简直不会干别的。囚犯很快就变得依赖于监狱长的控制方式来调节自己的行为。

这种奖惩系统削弱了孩子学会自我约束的能力，破坏了他们自我调节的内在潜力，使得他们成为一个单纯的傀儡，其性能完全依赖于监狱长。孩子完全在外部动机驱使下行事，而不是依照内心的指引。时间一久，大家会不清楚究竟谁是监狱长、谁是囚犯，陷入互相折磨与操纵的无尽循环。

对父母而言，当监狱长可不是什么快乐的事。我问父母们他们是否喜欢这个角色，他们会强烈抗议道："当然不喜欢。"然而，当我指出他们实际上正在扮演这个角色，并建议他们停下来的时候，他们会诧异地看着我，好像我长着两个脑袋似的。

我对他们说："抢走孩子的手机，对他们大喊大叫，甚至扇巴掌，这些管教方式只会拖延问题，而不是解决问题。连你们自己都用实际行动证明了'纪律不管用'这句话。所以，你们的孩子更加不会在乎纪律。"

有谁觉得我们没有必要管教孩子？我就相信了纪律很多年。我也骂过孩子，给他们规定时间，威胁过他们。我相信这是父母必须做的。所以，毫不奇怪，当我现在告诉家长们，纪律反而会强化孩子试图纠正的负面行为时，他们表现得好像我要求他们放弃与生俱来的权利一样。

> 如果我们告诉孩子，父母的关键角色就是纪律的执行者，就会让他们觉得，他们天生散漫，需要得到教化。

"你是什么意思？"家长们往往会愤怒地问，"我怎么可能不去管教孩子？要是我不吓唬他们，惩罚他们，他们什么也不会做。"听到这些父母几乎算得上恐慌的语气，我意识到大多数人的看法是多么根深蒂固。他们相信，纪律是为人父母的基石。我也看到了这种做法的后果：没有威胁或贿赂，孩子就不会主动做任何事，因为他们已经沉迷于不断地受控之中。

如果我们告诉孩子，父母的关键角色就是纪律的执行者，就会让他们觉得，他们天生没有纪律，需要得到教化。讽刺的是，最受纪律约束的孩子，往往最没有能力自我约束。我们从未真正想通这一点，总是依赖于已经形成的信念：没有纪律，孩子就会变成脱缰的野马。我们从这个角度解释他们所有不好的行为。我的观点正好相反：所谓的"纪律"是有害的，无法产生父母期许的好行为。

本来，"纪律"这个词具有良性的意义，与教育和培训有关。然而，大部分父母会认为纪律是一种控制孩子行为的策略，是父母在孩子身上实现其意愿的工具。

家长们经常思考的问题是："没收孩子特别喜欢的哪些东西，才会让他们守纪律？"家长们认为，剥夺孩子特别珍视的物品或权利，就会让他们听话。然而，这样做不会让孩子做出他们期待的行为。

为了展现这种做法是如何荒谬，让我们把它提升到成人水平。假设你决定减肥节食，你的配偶却发现你偷吃了一袋甜甜圈，于是他就拿走了你的车钥匙，防止你再去甜甜圈店买。那么，你的感觉如何？如果你答应和朋友一起吃饭，却迟到了，结果你的朋友要你把你最喜欢的首饰给她，你作何感想？

我猜，大家一定会觉得，这种行为丝毫没有建设性，无助于发展良好的婚姻或深厚的友谊，甚至连让你远离甜甜圈或者防止你再次迟到都做不到。好了，很多我们称之为"纪律"的东西，对我们的孩子而言是同样荒谬的，而且同样令人痛恨。

不妨问问自己，下面这些话，前半句和后半句之间有什么联系：

如果你减肥成功，我们就去环球影城玩。

如果你入选游泳队，就可以到朋友家过夜。

如果你考试得了A，就可以和奶奶去看电影。

如果你现在不做家庭作业，我就不给你买新鞋。

如果你和我说话不礼貌，我就没收你的手机。

如果你继续骗我，就会被禁足三星期。

家长们向我承认："我发现自己会不由自主地说出威胁的话。每当我觉得很生气，这些话就飞出我的嘴。一旦说出来，我就要坚持执行，否则我的孩子会觉得我是说着玩的，那么事情就糟糕了。"

我说："用这种方法，也许事情可以暂时得到改善，但是情况是否永久改观了呢？"

我问到的每一位家长都会承认："没有，从来不会。"就像有人说的："我的孩子4岁时，我就发现这样行不通。我想，'不用非得这样。人类的孩子天性是好的！'所以，她现在11岁了，从来没见过、听说过、经历过任何威胁或者惩罚。"实际上，在威权的基础上，强迫性地推行纪律，是不会取得积极成果的。而且，有研究证实，惩罚性的方法会引发有害的精神后果。

每当我谈论这个问题，就会有家长对我说："我从小就要遵守各种纪律,我父亲就是用惩罚的方法把我教育出来的,我现在过得也不错啊。"

虽然我不会和对方争论这样是不是真的"不错",但是我认为他们的说法没有触及问题的本质。我会问:"你在接受惩罚或者被打的时候,有什么感觉?"

如果对方是诚实的,他们会说:"我讨厌这样,我经常哭,我很害怕,我恨自己,我只想逃跑。"

我问:"那你为什么还要惩罚你的孩子呢?"

可以预见的回答是:"因为我希望我的孩子学到东西。如果我不管教他们,他们怎么能学会呢?"

如果我们的目标是教育孩子,我已经暗示过了:纪律是教育的敌人。而几乎所有人都相信,纪律和教育两个词的含义是相近的。事实却相反,这两个词简直是天壤之别。

为了说明这一点,请回想一下你的感受:你被撵回自己的房间,不能看最喜欢的电视节目,不能出门见朋友,你的手机被没收了,有人大声训斥你,甚至打你屁股。你的感觉会好吗?你会因此自动听话吗?不会的,你学到的是:"父母都是我的老板,所以不要激怒他们。"你可能还会了解到,你的父母对待其他成年人,比如同事甚至宠物,都比对你有更多的尊重。

由于纪律似乎和父母的冲动而不是理智有关,它总是会触发儿童的不满。虽然他们可能遵照我们的要求,因为我们强迫他们那样做。但他们内心是抵制的,不仅抵制我们的命令,甚至抵制我们自身。他们的反抗或充其量是半心半意的服从,让家长愈发认为孩子需要控制,觉得纪律越严格,孩子就越听话。正是这种阻力给孩子造成了情绪的阴影和学习的障碍,并且阻隔了父母与孩子的关系。

孩子的行为可能得到纠正,但他们的心不会服从,我们无法收买他们的意愿。

最好的教育,
需要成人心灵世界的觉醒。

扫码免费听《父母的觉醒》有声书

A WORLD THAT MAJORS IN CONTROL
Chapter 2 一个以控制为主的世界

我们在童年时代目睹的养育模式,将会成为我们自己育儿方式的模板。

一个母亲火冒三丈，她对着孩子说出恶毒的语言，做出激烈的肢体动作，她想要尖叫或者逃跑。为什么她的女儿就是不听话呢？简直不可理喻。

她总是乱放玩具。一个小时前她就告诉女儿，要把玩具收拾好，以前也说过多次，但女儿总是不听。宴请的客人再过十几分钟就要来了，厨房里要干的杂活太多，还得收拾客厅……母亲快要疯了，她气呼呼地抢过玩具，扔进盒子里，喊道："你这个坏孩子！你怎么就是不听话？你为什么总是这么难管？"

4岁的女儿看到母亲张牙舞爪，面目狰狞，看上去真的很生气。她还听到了一些大词：责任、处罚、纪律。这些词是什么意思呢？孩子根本不知道，她只觉得很害怕，很想尿裤子。但是，如果尿出来，妈妈会更生气，所以她一直在心里念叨："不要尿尿，不要尿尿，一、二、三。"

妈咪什么时候才能变回快乐的妈咪？阴云什么时候消失？小女孩讨厌阴云，它们最近总来——都是她的错。

在这个母亲身上，你是否看到了自己？我看到了，因为这个母亲就是我,那个孩子就是我的女儿。或者说,我也曾经是那样的一个孩子。

孩子的日程表当然和我的不同。客人就要来了,我想控制一切,再来一件烦心事,我就要爆炸了。所以,我朝着女儿发泄,因为我自己的压力而责备她。但她没有反抗的权利,毕竟,作为父母,难道我没有责任管教她吗?

虽然我告诉自己女儿"应该"受惩罚,但是,我觉得为了地上的几件玩具,实在没有必要对她的行为反应如此过激。所以我非常后悔对她发火,还暗自保证,再也不会对她这样了。然而,下一次,她又引爆了炸弹,我再次没有控制住自己。

一遍又一遍,如果我的孩子失控,我也会跟着失控。我会不由自主地胸部发紧,喉咙收缩,咬牙切齿,仿佛短短几秒钟之内,我就能从一位和蔼的母亲变成暴君。成为家长之前,我永远不会想到,自己竟然具有如此强大的变身能力。只需一分钟,我就能给孩子造成这么多的痛苦,我被我的愤怒迷惑了。

作为一个心理学家和治疗师,我发现,我的客户也会迷上控制。如果哪里出了差错,或者别人对我们有所苛求,我们的情绪就会失去平衡。当我们的孩子不去做我们需要他们去做的事情时,我们就不知道还有什么其他方式可以鞭策他们,自己的情绪似乎陷入了一台没有转速限制的搅拌机。当然,事后我们总是懊悔不迭,也许还会彻头彻尾地为我们的愤怒和以势压人而感到尴尬和内疚。

当我感到如此失控时,仿佛乘坐时光机重返童年——我又回到了4岁的时候,想要拼命地伸张自己的权利。我之所以如此激烈地对待女儿,是因为眼前的情况唤起了我对过去的回忆。我仍然记得小的时候,客人来吃晚饭之前,我母亲总是处于恐慌状态。尽管我讨厌她当时表现出来的控制欲,但是我却把她的情绪内化了。过去,它潜伏在我文雅的表象之下;现在它逃窜出来,把魔掌伸向了我的女儿,颠覆了我的头脑，劫持了我的理性。

我们在童年时代目睹的养育模式，将会成为我们自己育儿方式的模板。我们的父母给我们留下的感觉一直没有消散，反而成为我们看待和理解孩子行为所使用的棱镜。换言之，我们和孩子的很多互动，通常是由所谓的"潜意识"控制的。

在一定程度上，我们都是过去的奴隶，孩子能够触发我们不愉快的记忆。即使我们忘记了事件的具体细节，它们仍然隐藏在潜意识层面，驱使我们面对它们，直到我们把它解决为止。作为治疗师，在我的工作实践中，经常会遇到四五十岁甚至六十几岁的男女，他们的潜意识仍然有一部分困在童年时期，父母愤怒呵斥的回声在他们的脑海中此起彼伏，简直无法逃避。

> 我们在童年时代看到的育儿模式，后来成了我们自己的育儿模式。

我们现在生活中的每一个冲突——无论是与孩子、配偶还是与其他成年人有关——在某种程度上，都是我们童年时代的再现。每一段关系、每一次互动的根基在于我们自己的成长蓝图。从某种意义上讲，"完全的成年人"是不存在的，我们只是一群扮演大人的孩子。当涉及到为人父母，在很多时候，可以说是一群孩子在抚养另一群孩子。

珍妮特就是一个例子。她有个十岁的儿子，每一次儿子走进房间，她都会发现自己变得很紧张，几乎立刻就会觉察到，接下来肯定要发生冲突。在治疗中，通过追踪这种感觉，她意识到自己是在重现多年前与自己父亲共处一室的体验——她的父亲经常打她。过了这么多年，她的儿子以男孩"特有的调皮"，触发了她没有解决的过往情绪。

父母的觉醒 2——如何培养自觉的孩子

珍妮特并未意识到自己把儿子当成了父亲，所以她立刻进入了自我警戒的状态。她和儿子几乎每天都要吵架，这样只是巩固了她的信念：她的儿子是个暴君，所有男人都是。但她却没想到从自己父亲身上找原因。换言之，几十年前，她的这种行为模式就建立好了，而且反过来教给她如何为人父母。

从小受父母主宰的孩子，长大后要么主宰别人，要么被人主宰。所以，世世代代都会秉持父母统治和控制的信念——人们特别崇尚父亲在家中"做主"的权利，进而诞生了一个名词"父权"。

我的一位四十多岁的客户告诉我她的经历。"当我还是个小女孩的时候，我母亲有时会说：'你父亲是家里的主人。'我的哥哥和我都相信她的话。我父亲生气，是为了确保事情按照他说的来。只要打孩子一顿，他们就会乖乖听话。甚至只要我父亲闭着嘴不说话，我们就会立刻进入服从状态。在我们家，还有另一条格言：服从，否则后果不堪设想。无论什么事都不会由我说了算，包括我自己的事。现在回想起来，我发现我活了大半辈子，却不知道自己在很多事上都有选择权。指责别人或者寻找无关的理由，成了我无意识中最常做的事情。"

传统的育儿理念认为，凭着年龄和经验，父母处于金字塔的顶端，而孩子位于底部。这意味着孩子应该融入父母的世界，而不是反过来。

我经常听到有人说："他们是我的孩子，所以应该由我来决定什么对他们有好处。"许多人认为，我们把孩子带到这个世界上来，所以孩子的所有权属于我们，好像孩子是我们的私有财产一样。基于这种错误的观念，我们觉得有理由强迫、操纵甚至体罚孩子。当然，我们美其名曰为"教导"，并且创造了一个叫做"纪律"的惩罚性名词，配以花哨的策略、技巧和噱头，还围绕这个主题写了很多书。然而，如果我们有足够的勇气承认，就会发现，各种形式的"纪律"只是变相发脾气而已。你有没有想过，很多我们称之为"纪律"的东西，不过是成年人想要对孩子发脾气的借口？

除非我们意识到，具有严厉惩罚意味的纪律，其前提是基于我们在儿童面前的所谓"优势"；否则，孩子在家里和学校里的日常"错误"表现，甚至世界上更广泛的冲突，将继续有增无减。事实上，恰恰是这种独裁式的育儿方法，塑造了今天的世界——很多中年女性从未学会听从自己内心的声音，因为她们小的时候，父亲坚称自己是一家之主，肆意施行"暴政"；在国际冲突中，很多国家希望压制和征服别的国家。这种个体和国家功能失常的根源，在于人们相信人需要被控制。无论我们来自世界的哪一部分，这种养育理念都贯穿着我们的童年。纪律的本质就是主宰的需要。这种主宰欲，是一直困扰着人类情绪的主要因素。

不妨去看看大多数所谓"伟人"的事迹，他们都是试图征服别人的暴君，他们的"伟大"是通过控制实现的，代价是别人的服从。无论是亚历山大大帝或拿破仑这样的个体，还是罗马或大英帝国这样的国家，都是由支配和控制欲所驱动的。

世界上大多数人都会用领导者实现了多少控制为标准，来评价其是否"伟大"；"好的"公民——像"好的"孩子那样——就是服从的公民。那么，谁是最服从命令的公民？当然是军人，他们的天职就是服从，把纪律看得高于一切。整齐划一的行为，是世人评价纪律是否得到遵守的黄金标准。

相比之下，世界舞台上，偶尔也会出现极大地造福了他人的领导者，虽然这样的领导者为数不多。但我们谁不希望自己的孩子将来成为这样的人——促进人类和平、繁荣和幸福的伟大领袖？我们谁不希望自己的孩子长大后成为一个自由的思想家、一个开拓者，具有原创精神和创新能力呢？我们谁不希望自己的孩子活出真我本色，而不是温驯懦弱，容易被操纵并且受制于人？

我们一边说希望孩子成为这样的人，一边用纪律来妨碍他们实现这些目标。我们制定了一份控制与服从的计划，旨在把孩子培养成庸人，甚至独裁者和暴君。

现代社会在很多地方超越了黑暗的中世纪，经过文艺复兴，我们走进了一个更开明的时代。我们不再因为某些人与我们的宗教信仰不同，就给其披枷带锁，在火刑柱上烧死他们；而且，在大多数情况下，我们并不认为疾病是来自上帝的惩罚。我们这个社会已经不像过去那样等级森严，似乎变得更为民主了。

虽然人们越来越重视人类的平等和尊严，关爱地球的健康，但涉及到抚养孩子的时候，大多数人却还停留在中世纪。被迫接受纪律的孩子每天都在遭受歧视和折磨，惊人的悲剧层出不穷。因此，到了改变整个育儿模式的时候。这种模式的核心建立在有缺陷的独裁主义想法上，即父母需要"统治"孩子，而不是以建设性的方式与他们展开合作，鼓励他们成为自律的人。

IS IT REALLY FOR YOUR
CHILD'S "OWN GOOD"?
Chapter 3　真的是"为了孩子好"吗?

管教导致情绪爆发，孩子把自己的情绪外化为失调的行为。

"我坐在这里,回想着每一个受到父母打击的时刻。"一个客户对我说,"我无法相信,41岁的我,虽然努力了很多年,想要驱除那种愤怒、悲伤、失望的感觉,但它们仍然会跳出来折磨我,让我流下眼泪。不管我变得有多老,成为多么明智的人,我还是忘不了,一个成年男人曾经把一个小女孩关进地下室里一个阴暗潮湿的水泥衣柜里,告诉她,这是对她顽皮的惩罚。他关了我很长时间,任由我尖叫、踢门、猛拽门把手;他对我的恐惧的唯一反应就是走上台阶,离开地下室。"

这位父亲显然以为自己在让女儿学到一个宝贵的教训。毫无疑问,他以为通过给女儿灌输恐惧,就能让她听话。他相信父母需要使用最严厉的控制策略,这样才有效果。

为了解释自己推行各种奇怪的纪律的原因,父母们经常告诉我:"我这么做是为了孩子好。"但是,没有孩子会觉得被骂、被禁足或被打屁股是"为了他/她好"。这样做只会招致孩子的反感。随着时间的推移,这种怨恨逐渐变为痛苦的自我厌恶,他们会将生活搞得一团糟,毫无自尊,陷入自暴自弃的悲惨境地。

父母们变得如此盲目,他们被理想蒙蔽,结果对孩子造成了巨大的伤害。如果我们相信,某些东西是为了孩子好,就有可能以极端的方式迫使他们接受。这样做究竟有多么大的破坏力,我可以举例。

一位母亲因为打死了 7 岁的儿子,然后点火焚烧他的尸体,被判刑至少 17 年。法官说,那是因为她的儿子"没有读懂"她指定他读的一本重要的书。这位母亲不让孩子去学校,把他关在家里学习,她殴打孩子的原因是,她认为孩子背诵的速度不够快。想想看,有多少孩子因为在家或在校的学习失败而挨打?

7 岁男孩的母亲下意识地认为,如果想让孩子学习,就得打他。我说的这种下意识,就是潜伏在我们言行表面以下的东西。她迷恋于所谓"好母亲"的形象,结果忘记了以儿子的实际年龄,既无法达到那样的背书速度,也不会对书里的内容产生足够的兴趣。

恐吓孩子是一件可怕的事情,除非你想教会他们恐吓别人。我们向自己保证,绝不会做这样的事。然而,我们会不自觉地运用看似良性的方法,寻求对孩子的控制,结果同样会适得其反。

有一种所谓"温柔"的新纪律形式,又称为"自觉"纪律。这样的定义简直是自相矛盾。当然,其出发点是不要造成任何身体上的伤害。然而,它们往往用不那么具有攻击性的方式掩盖了与传统纪律一致的本质。这种纪律只会削弱孩子自我调节的内在愿望。

无论我们的意愿多么好,任何形式的纪律都会让孩子感到受攻击。不是因为他们讨厌做正确的事,而是由于威胁和惩罚贬低了他们的自尊。他们意识到我们试图控制他们,所以出于自由灵魂的自然反应,他们感到无助,就像无辜的人被关进监狱一样。每当我们关他们禁闭,或者以其他方式管教他们,孩子就会想要违抗我们,从而维护一定的自尊。我们越是攻击他们,"我讨厌禁足"就会更快地变成"我恨你,我恨我的生活,我恨我自己。"

Chapter 3　真的是"为了孩子好"吗？

纪律对于许多父母而言其实是痛苦的。尤其是母亲们，出于某种直觉，她们认为，严厉的纪律，如体罚孩子，反而会带来不利的影响。所以，很多情况下，母亲把体罚孩子的任务留给了父亲。问题在于，父母们不知道除了惩罚还能做些什么。他们往往一筹莫展，结果给孩子造成了伤害。

难怪来到研讨班的父母，告诉我的第一件事往往是："请给我一些方法，让孩子听我的。怎么才能让孩子听话？我的办法不管用。请帮帮我。"

父母问问题固然很好，但这些问题问得并不切中要害。关键不在于如何管教，而是要理解孩子的需求。孩子的行为是他们需求的反应，需求分为两类：联结和学习。纠正行为本质上与联结无关，主要与惩罚有关，比如我们会将监狱称为"惩教机构"。

因为我们只知道观察孩子的行为，而不去分析行为背后的东西，所以我们往往会肤浅地理解他们。例如，一个孩子说："我恨你！"父母会认为孩子是在针对自己，从而对其加以谴责。如果父母深究孩子愤怒的真实原因，可能会发现，孩子在学校被欺负，或是担心即将到来的考试，或是由于受到了不公正的处罚而感到心烦。孩子也有可能是觉得累了或者饿了。

与情绪化的反应相反，家长需要冷静地破译孩子发怒行为背后的含义。关键是要保持不偏不倚，防止片面理解，从而触到问题的核心。

家长的作用之一是帮助孩子自主学习。但是，谁在忙于自我辩护的时候能有心思学习呢？怨恨甚至仇恨占据了孩子的思想。这种状态下，孩子最不愿做的就是学习，他们只想报复或者远离父母。换句话说，管教导致情绪爆发。孩子把自己的情绪外化为失调的行为。所以，纪律是导致孩子叛逆的根源。

纪律并不能解决问题。关键不在于家长是否推行纪律或者孩子如何遵守纪律,而在于家长是否能和孩子真正互动。可悲的是,在我的临床经验中,很少有家长知道这一点。很多家长会觉得自己被孩子孤立了,特别是当孩子进入青少年时期之后。家长认为,孩子展现出了"自由散漫"的迹象。

当我们威胁、贿赂或惩罚孩子时,他们会觉得我们并不关心他们,对他们的学习并不感兴趣。当他们天生的自尊和健全的人格不断地遭到我们的攻击,他们得到的结论是:"我真的非常糟糕,所以我应该受到惩罚。"这会导致他们自我憎恨、自我怀疑、羞耻、内疚,结果更加没有办法学习。

如果我们向孩子传达的信息是,他们的行为比他们的感觉更重要,那么就是在告诉他们:"你的感受并不重要,所以你这个人也不重要,重要的是我对你的看法。"对行为的重视和对感觉的忽视导致了隔膜的产生。

> 因为纪律关注的是行为,而不是驱动行为的感觉,它恰恰阻碍了我们实现目标的努力。

我想强调的关键是,我们与孩子的联结总是发生在感觉层面。我们认为它关乎孩子的行为,然而其真正意义却在于孩子在我们面前的感觉。如果我们无法与他们的感觉产生联结,也就无法对他们的行为产生影响。例如,当孩子正投入地玩游戏、做手工、画画或做其他喜欢做的事,他们的神情是那么专注,难道他们看上去不是非常地自律吗?因为纪律关注的是行为,而不是驱动行为的感觉,所以它恰恰阻碍了我们实现目标的努力。

既然纪律适得其反,那么孩子怎么才能达到最佳的学习效果呢?

只有他们和我们真正沟通和联结的时候，才会平静地接受我们的建议，以开放的心态去学习。如果他们受到伤害，感到害怕、生气或怨恨，这些感情就会阻止他们的自然学习倾向，以至于我们不得不老调重弹，怒吼一声："拿走你的玩具！打扫房间！做你的功课！"

难道有人真的喜欢受罚吗？无论是在个人生活还是工作中，难道大家愿意遭到权威人士的质疑吗？想想如果你遇到了这种情况，会有什么感受？比如，你收到一封信，信上说国税局会来查你的税。为什么即使我们在税务方面问心无愧，还是会害怕审计师的到来？因为我们知道，审计师是来挑错的，是进行非难和指责的。即使你并没有错，他们也会试图鸡蛋里挑骨头。

上班族们一定讨厌老板打电话来，说要召开什么"纪律"会议吧？我们清楚这是什么样的会议，并且打心眼里害怕它。在那一刻，我们想的是"一定要好好做人，学会把事情做得更好，在公司里取得进步"吗？不是，我们只会找借口来保护自己。被"管教"一番之后，我们会尴尬甚至羞愧地离开办公室。我们不会赞扬自己对公司的奉献，而是觉得自己被误解，受到了不公平的对待，并且需要保持冷静。老板并不知道我们对工作的热爱已经消退了，所谓的纪律只会带来苦涩的感觉，让我们最终希望"另谋高就，找一家珍惜个人价值的公司"。

同样，当父母怀着"想要孩子学习，就要管教他们"的理念育儿的时候，孩子不仅会觉得受到了控制，在很多情况下还会表现得笨拙无能。这是因为纪律不可避免地突出，进而强化了任何孩子都可能有的弱点。这样，我们在不经意间创造了我们想要惩罚的行为，变成纪律手段的帮凶。

LET CONSEQUENCES DO THEIR JOB
Chapter 4　让后果教育孩子

尊重自然后果，孩子就能明白，他们的每个行动都会唤起一定的反应。

"如果不能贿赂或惩罚孩子,那怎么才能让他们按我说的做?"家长问道,"毫无疑问,他们的不当行为一定会引发某些后果吧?"

"确实会引起一些后果,"我说,"其实,恰恰是后果让孩子学会自我管理和负责。但是,让我们搞清楚所谓的'后果'是什么,它们和惩罚是根本不同的。"

一个孩子对我说:"如果我不听妈妈的话,就要面对一定的后果。"我问是什么样的后果,他说:"我不能出去玩。"

我问:"上次你出去玩的时候,发生了什么事情,你妈妈就不让你再出去玩了?"

孩子回答说:"上次玩得很好,但我妈妈说我不听她的话。"

我们可以改变措辞和行为,用"后果"代替"惩罚",但这位母亲依旧是在惩罚她的孩子。她似乎不知道"让后果教育孩子"意味着什么。只有当孩子明白了自己的行为所引发的后果时,才能懂得道理。如果我们予以处罚,他们就得不到教训,只会讨厌我们。这两种方法的区别在于,前者会让孩子变得自律。

当然,我们不能只是改变术语,就去期待不同的结果,方法也必须改变。无论称其为"纪律"还是"后果",如果我们仍然惩罚孩子,就只能让孩子觉得我们的做法是换汤不换药。被称为"后果"的惩罚仍然是惩罚,孩子们心知肚明,他们不会上当。

如果你是个反感"惩罚"这个词的父母,很可能早已拾起了"后果"的理念。一位客户对我说:"孩子做出了这种行为,我要给他什么样的后果?"我听了后不禁苦笑。他的孩子可能只是没做作业,拒绝吃某种食物,不想去睡觉,表现得没有礼貌,等等。我问他:"你是什么意思,'给'你的孩子后果?"

"给"后果的想法完全是误解。我们无法给出后果,它们不是我们可以拾起来的东西,就像在超市里把商品放进购物车一样。后果是"自动"嵌入在特定情境之中的,我们不用做什么,它就在那里。在你想要"给"孩子后果的那一刻,你已经走进了惩罚的领土。

后果是自然出现的,直接与当前的情境有关。你可以说它们是内置的。父母需要做的只是让后果自行生效。做到这一点比较难,因为我们熟悉的是给孩子主动施加"教训"。而任由不当行为的后果自然浮现,给我们一种有悖常理的感觉。

任何行为都有其自然后果——包括正面和负面的——要么改善我们的日常生活,要么给生活增加困难。让自然后果生效,是帮助孩子成长的必要组成部分。远离纪律要求我们必须学会如何让自然的后果纠正孩子的行为。让孩子承担自己的行为所带来的后果是一种强有力的促使他们自我学习与领悟的方式。

后果不涉及强制,不会强迫孩子屈从于我们的意志。我们要做的是帮助孩子通过发展更好的生活技能,对自己行为的后果作出反应,凭借自己的力量走出困境。在此期间,我们能够提供的是鼓励和指导。这种方法需要父母具备高明的洞察力——虽然来之不易,却是有效育儿的重要方面。家长要学会退一步,让生活做孩子的老师。

> 我们熟悉的是给孩子主动施加"教训",而任由不当行为的后果自然浮现,给我们一种有悖常理的感觉。

后果离不开因果关系。大多数家长认为,他们正在教自己的孩子了解因果关系,但他们的行为却根本不是这么回事。因果关系是宇宙的基本定律之一,它表明所有的行动都是相互依存的,每个行动都有原因,也会引起一定的结果。

孩子没有学会自律的唯一原因是因果关系没有达到足够有效的配对,而这通常是父母的干扰引起的。比如,当我们往一个杯子里倒了太多的水,水会溢出来;这教会我们,下一次不要倒太多水。如果我们碰触烧热的炉子,结果烫伤了手;这教会我们,不要碰热炉子。如果开车时不专心,就会造成事故;这教会我们小心驾驶。无论别人多么频繁地给我们指出这些危险,都不如我们亲自"体验"来得印象深刻。

然而,很多父母出于保护孩子的意愿,往往不会让孩子体验不当行为的后果。为了不洒出水来,孩子每次往杯里倒水时,我们都不让他们装得太满。后果可以让孩子自然地学到东西,前提是父母不过度保护孩子。我们完全可以退后一步,让孩子自动发展自律、自力更生和自行建立责任感。换言之,后果对孩子的行为天然具有决定作用,孩子会对后果作出本能的正确反应。这种情况下,父母不能过分插手。需要我们对后果加以干扰的唯一条件,就是存在真正的危险。比如孩子在一条交通繁忙的马路上奔跑,吞下了有毒的物质,或者以其他方式伤害自己或别人的时候。

父母需要注意的是如何适当地干预,这意味着父母有必要帮助孩子尽力应对各种后果。父母有权预先警告孩子,帮助他们意识到自己的行为可能引发负面后果。但是,如果孩子仍然固执己见,那么父母就要退后一步，让自然后果做好它的本职工作。

父母面临的挑战是要保持耐心，因为后果并不总是马上给人教训。有时候，生活会提高孩子学习知识的代价。例如，一个孩子可能会洒出好几次水才学会不要把杯子装满，假定他们拥有足够的运动技能和肌肉协调程度；孩子可能要被炉子烫不止一次，才知道应该小心不要去碰。只要后果不会引发人身伤害或死亡，那么家长就不要进行干预，让孩子自己去学习收获。因为生活自然能够帮助我们改进自己的行为方式。

在很多客户身上，我发现父母常常会难以理解自然后果（它们是由孩子的行为引起的）和人为施加的"后果"之间的区别。

为了阐明差异，我举个例子。一个孩子不做作业，父母就不让他看最喜欢的电视节目，这是孩子行为的自然结果还是父母施加的惩罚呢？请设想一下，孩子是会对父母说："哇，爸爸妈妈，从这件事里我真的学到了东西，我再也不那样做了！"还是会深深怨恨父母，因为他们破坏了自己的乐趣？这件事真正的解决办法是既不惩罚孩子，也不保护孩子，而是让他们尝尝不学习的苦果。成绩不好、升学失败会激发孩子的进取心。进取心和对父母的憎恨之情会导致孩子作出完全不同的反应。

如果孩子缺乏礼貌，父母可能就不让他们参加朋友在溜冰场举行的生日派对。如果孩子打了别人，父母或许会打他一巴掌。如果孩子没考好，父母也许会没收他的手机。如果孩子说谎，父母可能不让他玩电脑。注意，这些都不是后果，而是惩罚。它们和孩子的行动没有直接关系，不会自然发生，而是父母强加的。（我在下一章会给你讲讲关于"后果"的故事，但是请不要现在就跳到下一章！）

人为强加的后果不管用，它们对孩子来说没有意义。孩子没法理解它们，因为它们是不合逻辑的任意惩罚。我告诉家长们，除非是货真价实的自然后果，否则惩罚总会适得其反，它会导致不良行为，并且在父母与子女之间造成裂痕。

我说过，家长们会随意创造"后果"。我用了"随意"这个词，因为这些所谓的"后果"，比如不让孩子看电视、玩电脑、用手机、去派对，还有禁足或者打屁股，都取决于父母当时的心情。这些"后果"今天可能很严重，明天就轻一点，这根本不是什么后果。自然导致的后果总是不变的：只要你触摸热炉子，就会被烫伤。

从长远来看，如果后果是强加的，就永远无效。人为的"后果"不会教给孩子现实生活的知识，因为它们并非来自现实生活，而是由父母的主观意愿决定的。

尊重自然后果，孩子们就能明白，他们的每个行动都会唤起一定的反应。我们应该退后一步，让他们体验到自己的行为结果，帮助他们与世界建立和发展有意义的关系。因为我们不再从中作梗，他们就不会认为我们是应该反抗的敌人，而是可以用来寻求庇护、鼓励和指导的盟友。

HOW RESCUING OUR CHILDREN THEACHES IRRESPONSIBILITY

Chapter 5　为什么过度保护会让孩子不负责任？

如果让孩子自然地体验到焦虑,并且达到足够的"剂量",就能在很大程度上促进他们的成长。

为什么我们会把惩罚强加给孩子,而不是允许自然后果做好自己的工作呢?

原因很简单,我们很怕无法控制孩子,担心这样他们的生活就会变糟糕。这种无助感触发了我们的焦虑,使我们诉诸错误的方式:剥夺孩子的自主性。我们错误地认为,如果直接控制孩子的生活,就会得到更确定的结果。换言之,对孩子实行层层控制是试图对抗生活的本质,删除那些固有的风险。

我们控制欲的原动力不仅是自身的焦虑,孩子的焦虑也参与其中。事实上,他们对自己行为后果的焦虑和我们的焦虑会形成一种化合物。它在我的许多客户身上发挥了无数次的作用。

11岁的妮可起床后总是磨磨蹭蹭,经常错过校车。她的母亲不希望她在学校挨批评,就开车送她上学。但越是这样,妮可就越磨蹭,她的母亲几乎每天早晨都要送她上学。母亲厌烦了妮可的拖拉,然而却一直开车送她,希望她上课不要迟到,同时祈祷妮可第二天能够奇迹般地准时出门。

后来,这位母亲终于明白自己成了妮可的坏习惯的帮凶。而她之所以这么做，是为了保护女儿不受到她所面对的世界给予孩子的压力。她意识到自己这样做其实是在伤害女儿，因为生活中的一些压力是无法避免的。于是，她改变了做法。她承认，准时赶上校车是女儿需要学习的一种技能，否则就会逐渐发展成不尊重别人日程安排的习惯。

这位母亲做的第一件事就是认真思考：女儿是否缺乏安排时间的技能，抑或是她有能力管理时间，但没有看到管理时间的必要？因为母亲总会开车送她上学，保护她不被后果伤害。关键在于，父母要判断孩子是缺乏技能，还是由于没有察觉到后果的可怕而并未采取适当的行为。

在这个例子里，母亲看出，妮可拥有管理时间的能力，但并不觉得需要把自己的时间管理得很好，因为妈妈会充当她的司机。显然，母亲的做法对女儿没有益处。这不是妮可的错，而是母亲在人为干预妮可学习守时的过程。母亲在反感开车送女儿上学的时候就应该意识到，如果女儿上学迟到了，后果应由她自己来承担，而不是由父母来承担。

我们无法完全回避焦虑，因为它是生活和呼吸的自然组成部分。当我们还是婴儿的时候，如果觉得肚子饿了，就会焦急地哭闹。如果我们感到孤单，焦虑就会促使我们呼唤父母来安慰我们。如果让孩子自然地体验到焦虑，并且达到足够的"剂量"，就能在很大程度上促进他们的成长。

家长的任务不是消除焦虑，而是监视它，使它既不太少，又不铺天盖地。有些孩子比别的孩子更加敏感和脆弱，我们应当注意不要把自己的恐惧灌注到他们身上。通过适当的指导，随着孩子的成长，他们能够学会处理自己的焦虑。父母需要认识到，让孩子体验生活的自然忧虑不仅没有关系，而且还很有益处。当然，前提是可能需要父母的适当干预，以确保不会发生意外。

父母无论是把自己的焦虑卸到孩子身上，还是保护孩子不受自身行为引发的自然后果的影响，都是在剥夺孩子发现自身韧性的能力。相反地，如果让儿童感到适当的焦虑，比如面对一个似乎特别具有挑战性的问题，他们会自然而然地寻求解决办法。

如果母亲希望取代焦虑自然发生的过程，妮可就没有机会学会时间管理。给女儿适度的警告，她就不会再让母亲做司机，并且发现自己与生俱来的自律优势。为了让妮可作好改变的准备，母亲帮助妮可演练了多次早晨的活动，解决了各种问题，这才是让孩子参与生活的正确方式。

父母需要认识到，当我们无法确定孩子是否掌握了缓冲紧急事件的技能时，应该让他们面对失败的情况。与其处处为孩子安排好，不如给他们一定的考验。角色扮演是一种有价值的技巧，我在客户的孩子和我自己的女儿身上都使用过，以便帮助他们发展应付不同情况的能力。我经常在办公室里反复研究孩子们在开学第一天、社交场合、家庭作业管理和睡觉之前需要处理的各种事项。通过实践，孩子会变得善于处理他们遇到的各种情况。

那一天，妮可起床之后，母亲并没有像往常一样帮助她赶上校车，而是站到旁边，把一切都交给妮可。毫不奇怪，妮可错过了校车。当时，母亲没有拿着外套和车钥匙冲进来，而是穿着睡衣，慢悠悠地喝着咖啡。一分钟后，妮可才意识到，妈妈今天早晨不会开车送她。她吓得哭了起来："妈妈，我该怎么办？你要帮助我。"虽然看着女儿担惊受怕并不舒服，但母亲知道，让妮可知道迟到的自然后果更加重要。于是母亲让女儿坐在那里焦虑了整整五分钟——这不是一种指责，而是让女儿冷静下来思考各种因果联系。然后，母亲建议："让我们想想解决方案。"几分钟后，妮可实事求是地说："学校已经开始上课了，我只能去老师的办公室开一张迟到证明。"当天，妮可得到了迟到证，从此以后，她再也没错过校车。

妮可在一天之内就学会了母亲此前很久都没能让她接受的教训，这是因为母亲让她直接面对迟到的自然后果——而后果是最好的老师。我发现，很多家长都不愿意这样做，因为他们致力于营造"好父母"的光辉形象，不肯让自己的孩子受苦。但这样做反而称不上是真正好父母。他们试图延缓孩子面对自己行为后果的忧虑，这其实是扼杀了让孩子真正成长的机会；与此同时，如果父母还要对孩子大呼小叫、严厉谴责，那么父母和子女的焦虑水平都会飙升。

我告诉那些习惯在孩子快要迟到时送他们上学的父母，如果他们不愿意让迟到的后果生效，至少也应该平静地把孩子送到学校，不要抱怨。一面在口头上痛斥孩子的行为，一面在行动上加以默许，这样做会加倍地伤害孩子。

我们现在讨论的是一致性。关于纪律的书强调一致性，我也想强调一致性，但我的意思和大部分这类书所强调的不同。一致性意味着父母要始终坚持和维护自己的意志，但它并不等同于经常告诉孩子们应该怎么办。一致性是指，我们的言辞要和我们最深切的感受以及现实的情况保持一致。一致性需要我们明确意图，针对现实情况。当我们尊重现实的时候，我们的话语自然就带有权威性。

之前对于妮可的磨蹭，她母亲既没有申明自己的意图，也没有与现实保持一致。这就是她表现得软弱无力、在批评和保护孩子之间犹豫不决的原因。焦虑导致母亲无法看到女儿行为的后果，尽管它们已经呈现在她的眼前。她一直在向女儿传达双重信息，这对孩子来说具有毁灭性。我们怎么能在自相矛盾之中教导孩子呢？只有与孩子的互动保持明确的一致性，才能有效地教导孩子。

> 一面在口头上痛斥孩子的行为，一面在行动上加以默许，这样做会加倍地伤害孩子。

一旦父母意识到人为干预和自然后果的效应是截然不同的，就需要确定各种情况导致的自然后果，然后在让自然后果生效方面保持一致性。例如，如果一个孩子在墙上画画，有效的纠正方法并非拿走孩子的颜料或者不让他玩电脑。我们应该让孩子面对这件事的自然后果，让他们知道清理墙面有多么麻烦，所以要在正确的地方画画。如果孩子不吃饭，就让他们挨饿，直到他们和父母一起制定出有效的饮食计划为止。如果孩子不写作业，不要催促，让他们第二天直接和老师解释，在课间休息的时候补作业。如果孩子不按时睡觉，第二天不要叫他，让他睡到自然醒，自己承担后果。

如你所见，在每种情况下，结果都会自然出现，并通过环境的直接反馈给孩子教训。直接和即时的反馈是最好的老师，人为的"纪律"永远无法与其有效性媲美。其实，这种方法非常简单，只是执行起来很难，它需要我们允许后果自然呈现，而不是运用传统的纪律来约束孩子。

以我的客户朱迪的故事为例。朱迪向我抱怨她十几岁的儿子，他已经开始做出一些危险性的行为。"他为什么会做出这样愚蠢的事？"朱迪问。我解释道，这是父母多年保护他不受自然后果影响的结果。他目前的危险行为只是许多错过的机会的累积，这些机会能使他真正地接受教训，学会应对各种情况。

后来出现了一个让朱迪教给儿子明白事物因果关系的好机会。一次，朱迪花了几个小时为儿子及其朋友准备海滩周末派对，她非常期待这个派对。但是，她儿子虽然知道自己开车是违法的，但在派对的头天晚上，他还是溜出家门，未经母亲允许就开走了她的汽车，结果出了一个小事故。

朱迪觉得左右为难：车子虽然还能用，但是外观有损伤，不适合开着去海边，她是否应该把它送到修车行，再租一辆车过周末？一方面，她竭力打造通情达理的母亲形象——为儿子举办愉快的派对；另一方面，她儿子显然需要面对自己行动招致的后果。

朱迪请求我帮助的时候，很明显可以发现，她忽视了允许因果关系以最自然的方式起作用的方法，长期以来对后果的干预习惯加剧了眼前的危机。

考虑到这一点，我引导她注意这个重要的问题："举行海滩派对是你的需要，还是你儿子的需要？你用心良苦地为孩子准备，希望他玩得开心。但情况已经改变了，他的行为需要你作出不同的反应，不是惩罚性的，而是通过自然后果让他得到教训。如果你租一辆车去海边，他就体验不到把家里的车弄坏的后果。"

朱迪知道她的儿子需要体验自己行为的后果，这是促进他的情感发展的条件，无论这样做对她而言有多么难。对父母来说，让孩子承担后果是很痛苦的，然而这非常有必要。朱迪知道，她必须取消行程，把车送去维修。否则，她的儿子就无法学会为自己的行为承担责任。

当孩子的行为失常，父母通常会觉得他们需要"做"一些事，比如帮孩子解围、惩罚、贿赂他们，或者以其他方式介入。相比之下，将孩子暴露在自然后果之中，则要求我们退后一步，让生活成为孩子的老师，然后在孩子需要的时候对其提供鼓励和指导。

RUDENESS, BITING, AND HITTING: HOW TO MAKE YOUR CHILD'S LIMITS CLEAR

Chapter 6 如何为孩子设定界限？

当孩子表现出不礼貌的行为,父母需要给他们时间冷静下来。父母可以选择主动走开,让孩子体验失去父母情谊的后果。

我女儿玛雅的朋友萨拉告诉她，她不能参加玛雅的生日聚会了，因为她对父母做出了无礼行为，所以受到了惩罚。

玛雅当时惊呼："那我的派对怎么办？"后来，她问我："妈妈，你会不会这样对我？"

我回答："我为什么要这样做？这没有意义。"

"我非常同情萨拉，"玛雅补充道，"她的妈妈太刻薄了。"

玛雅的想法值得我们深入探讨。孩子能够看出父母在与其互动时的随心所欲。事实是，很多家长确实对孩子刻薄，但他们并不承认这一点，反而美其名曰"教给孩子守规矩"。

玛雅问我，如果她和萨拉一样对我无礼，我会如何反应。

"我们会谈谈这件事，当时就解决你的问题。"我说。

玛雅说："就像那天我因为生你的气把卧室门使劲关上那一次吗？我们讨论了这个问题，我还在日记里写了这件事。"

"没错。"我说。

无礼并非一种"恶"。当孩子表现得无礼时，如果把他们当成坏孩子看待，就会忽视真正的问题。孩子需要知道，无礼并不是一种有效的表达方式，不会让他们得到想要的东西。当孩子对你无礼时，与其反唇相讥或者惩罚他们，倒不如超然于他们的无礼，让孩子明白，这样的行为不会得到任何回应，也无法达到他们的目的。

如果我们不把粗鲁无礼视为道德问题，而是客观对待它，就能教会孩子客观。孩子就会意识到，应该礼貌地提出要求，互相尊重对人际关系有良好的促进作用。

在所有的人际关系中，设定界限是必要的。就我们对彼此的影响而言，界限定义了什么可行，什么不可行。所以，学习适当的界限是孩子发展的一个重要组成部分。界限必须是实用、明确和一以贯之的。在任何关系或情况下，一旦建立了界限，各方都需要严格遵守。

当然，如果有人违反界限，伤害了我们，我们的本能是以某种方式限制对方的自由。这是一种自然的反应，目的是让对方知道界限在哪里。很多成年人的不当行为都属于界限违规。出于这个原因，为了实现有效的养育，设置适当的界限是必要的。当我们坚持用共情和一致的原则设定界限，对纪律的需要就会消失。

为了说明该过程，不妨以"清洁"为例。为了表示对他人的尊重，更为了自尊，我们需要保持身体的清洁，使自己的外表和气味不对他人构成冒犯。这意味着，即使一个孩子声嘶力竭地哭叫着不愿洗澡，家长也需要让他知道，洗澡与否不是一个可以商量的问题。只有先洗澡，孩子才能去做别的，为了不洗澡而进行抗争是没有必要的。

对清洁的需要和对礼貌的需要没有根本的不同。如果一个孩子在粗鲁无礼方面违反了我们设定的界限，他就需要承担边界违规的后果。自然后果是什么呢？根据不同的情况，可能是父母走开，超然于违反行为之外。此举设定了一个明确的界限：无礼的行为将是不能容忍的。

以共情的方式设定界限，具有任何惩罚都实现不了的教育价值。在设定的过程中既保持一致性，又秉持爱的原则是关键。当孩子愤怒地提出抗议时，创造和保持这样的界限都需要毅力，父母需要包容子女的情绪反应。

尽管孩子对我们的行为是不恰当的，但这是他们表达需要的方式：与我交流，包容我。遗憾的是，实际情况往往不如孩子所愿。当父母的界限被跨越，我们又会反过来侵入孩子的边界。他们打我们，所以我们打他们。他们对我们粗鲁，我们大声呵责和羞辱他们。这种针锋相对的反应破坏了亲子关系。

当孩子表现出不礼貌的行为，我们需要给他们时间冷静下来，然后确定他们是否处于足够平静的状态，可以与我们讨论问题。父母可以选择主动走开，让孩子体验失去父母情谊的后果，直到他们能够以礼貌的方式与父母沟通为止。一旦孩子准备好恢复丢失的情谊，我们就可以和他们谈谈，为什么粗鲁无礼不是一种建设性的沟通方式。

当我们的孩子表现得非常粗鲁无礼，比如踢打撕咬，原因可能有两个：要么是孩子与我们缺乏联结并对此表示愤怒；要么是父母没能设定足够的界限，使孩子感到可以自由侵犯父母的人格。

联结和尊重彼此的界限是人际关系健康发展必不可少的条件，它们相辅相成，互为基础。孩子们必须学习如何紧密联结，同时尊重他人的界限；还有，当自己的边界受到侵犯时，如何恰当地应对。

让我来解释一下当我说孩子必须"学习"时的意思。每当说出"学习"这个词，出于说教的目的，我们喜欢重读。实际上，孩子们学习，不是因为我们"告诉"他们要学习，而是取决于我们与他们的关系，这就是"处置"和"相处"的区别。

> 实际上，孩子们学习，不是因为我们"告诉"他们要学习，而是取决于我们与他们的关系，这就是"处置"和"相处"的区别。

父母的首要任务是与孩子建立联结。如果父母与孩子的关系十分牢固，他们就能够轻松自信地让孩子暴露在其行为的后果之中。如果没有这种联结，家长可能会充满焦虑和内疚——这两种情感会扰乱孩子自然学习的过程。做出踢打撕咬举动的孩子，他们非常想与父母建立联结，在实现这个目标之前，他们是不会理解"界限"的含义的。

如果一个年纪较大的孩子表现得非常粗鲁，家长可以说："很明显，我们现在无法讨论这个问题，所以我要让你独自待一会儿。当我们足够放松，愿意平和地讨论这件事的时候，再接着谈。"这不涉及任何羞辱或责备，只有因果。但是，如果家长用惩罚性的语气说出这些话，它们将失去效力，甚至适得其反。此时，父母的语言必须客观，不含情绪色彩，否则孩子会敏感地听出来，进而怨恨父母，并且很高兴父母能够离开，而不是想恢复亲子间的交流。

当需要自己走开的时候，父母往往会担心这样做是对孩子的放弃。然而，如果能够冷静地走开，丝毫不被动，就能够对孩子形成强大的吸引力。所谓"吸引力"，是指我们的冷静所表现出的一种极大的存在感——存在感是极大的诱惑，它最能抓住人的注意力。当我们走开时，孩子不仅不会觉得被抛弃，反而感受到我们存在的缺失，迫切希望将其还原。

要做到这一点，父母需要用心，不能在感情上与孩子有任何的疏远。而走开的行动不能表现出情绪化的迹象，只有这样才能使其演变成自然的后果。当父母走开，又对孩子保留了完整的开放性的时候，孩子就会怀念父母的存在。

我们可以随意运用的最有力的工具，是我们个人的存在。当孩子体会到我们存在的力量的时候，就会注意聆听我们的意见。然而，我们与他们的互动却总是基于旧习惯而非存在。对孩子而言，我们并没有真正地存在于他们面前。我们只会说一些话或做一些事来让他们守规矩。在这种内在矛盾中,我们的言行流于表面,潜意识里却知道,这正是孩子出现问题的原因。所以,我们要通过自己的存在来让孩子知道我们是认真的。

重要的是要明白,界限不是由单纯的言辞建立起来的,它有一个强有力的基础。比如我们如何支撑自己,我们如何对待自己,我们常常与谁相伴,我们对何事的重视远远超过了对孩子尊重我们的坚持等。换言之,诸如礼貌、不粗鲁和不伤人等界限是从孩子进入我们生活的那一刻开始就需要着手建立的。

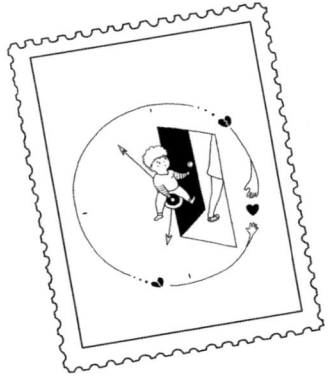

YOUR CHILDREN ARE HERE
TO CHALLENGE YOUR INTEGRITY
Chapter 7　孩子对你的诚信提出了挑战

尽管父母表面上扮演着某个特定的角色,但潜意识层面却上演着完全不同的剧本。孩子能够敏锐地察觉到这一点,并且遵循父母潜意识中向他们传达的信息。

很多父母对我说:"我这么爱我的孩子,为他们做了这么多,但他们总是生我的气。"还有的父母说:"无论我为孩子作出怎样的牺牲,他们都不尊重我。"

出现上述情况的原因是,尽管这些父母表面上扮演着某个特定的角色,但他们的潜意识层面却上演着完全不同的剧本。而孩子能够敏锐地察觉到这一点,所以他们相信自己可以忠实于父母的潜意识。孩子会看到我们是如何对待自己和自己的生活的,他们会不自觉地化为己用。

如果孩子不尊重我们,或许意味着在潜意识层面,我们允许他们这样做。也就是说,我们的一部分自我喜欢这种不尊重。我们在童年时代可能无意识地接受了"即使有人不尊重我也不要紧"的想法,所以我们的孩子觉察到了这一点。

我认识一位母亲,无论她怎么大喊大叫、威胁贿赂,她的孩子们就是不听话。因为在潜意识层面,她并未把自己视为领导者。原来她是四个兄弟姐妹中最小的一个,从小就习惯于做追随者和取悦别人。所以,她的孩子们发现,母亲的威胁并不是真的,而且她在管束他们时很不自在。孩子根本不听她的,这进一步巩固了她在童年时代形成的对自身角色的理解。解决问题的关键在于,她要停止扮演这样的角色。

因此,孩子的"问题行为"往往源自我们意想不到的地方。依据我的临床经验,我不得不说,大多数孩子的问题都是父母过去遭遇的问题所导致的,也源于父母对孩子现状的缺乏了解。

我们的潜意识模式含有巨大的能量。这种能量使我们能够在很大程度上影响孩子的反应,使得他们与我们的情绪产生"共鸣"。我将这种共鸣比作我们呼吸的空气,它虽然无形但却无处不在,以至于它与我们表面的言行背道而驰,在我们不自知的情况下被孩子识别出来。

虽然我们并未意识到这种共鸣的力量,但它存在于我们与他人的每一段互动和关系中。换言之,与我们愿意相信的相反,孩子不会回应我们表面的指示,而会遵循我们潜意识中向他们传达的信息。但我们往往意识不到这些信息的存在。

我们可以形象地将潜意识的共鸣比作磁铁,它能在我们无所察觉的情况下作出吸引或排斥的反应。因为孩子依赖于我们,所以他们对这种共鸣极为敏感,从而在他们与我们之间营造出一种动态的氛围。形成这种氛围的根本原因是父母的潜意识,它拥有磁铁般的能量。

有效养育的关键是将焦点从孩子的"不良表现"转向我们自身"不恰当的情绪化行为"。除非我们能够确认并化解这种情绪化模式,否则我们就会不知不觉地培养孩子不正常的行为。当我们上下求索解决方案的时候,却意识不到解决问题的关键在于我们自己的成长。

举例来说,一位家长曾经问我:"我的孩子总喜欢发脾气,难道说这是我的错?这不是孩子的性格造成的吗?为什么要我负责?"

"是的,你不需要为孩子的内在性格负责。"我告诉他,"每个孩子都有与生俱来的独特气质,你不必为此负责。你的责任在别的方面。"明白"别的方面"有哪些,对家长来说是至关重要的。

> 除非我们能够确认并化解这种情绪化模式，否则我们就会不知不觉地培养孩子不正常的行为。

从孩子进入我们生活的那一刻，他们就携带着自身的性格与我们互动，有时顺畅，有时冲突。最后，我们分不清哪些是孩子内在的个性，哪些是他们在与我们的互动中养成的习惯。我们不能断言"我的孩子就是这样的""他是 A 型性格"或者"我的孩子天生古怪"，因为父母和孩子一直在不断地彼此塑造。

作为家长，我们的反应非常重要。如果孩子喜欢发脾气，我们要么缓和他的怒气，要么放大它。而我们作何反应则取决于它对我们造成的影响。孩子会本能地感受到我们的真实想法，这是对他们影响最大的因素。

对我们的潜意识引发的共鸣及其对孩子造成的影响负责是很有挑战性的。我们很难察觉到这种共鸣的存在，因为它们不是用言辞表达出来的。所以，我们需要省察自己的内心，而不是一味关注孩子的行为，这可以帮助我们从挑剔错误者转变为孩子的盟友和引导者。

与此有关的一个典型例证是孩子的学习成绩。我们可能会告诉孩子："分数并不那么重要，只要你尽力就好。"然而，社会文化的灌输使大多数人潜意识里都十分重视分数，家长认为它是衡量孩子成功的标尺。无论我们嘴上怎么说，当孩子带着分数不高的成绩单回家时，他们每次都会从我们的反应中看出我们的真实态度。他们会观察我们的身体语言、面部表情、皱起的眉头以及眯起的眼睛。尽管我们试图掩盖自己的反应，但我们的焦虑总会在无意中表现出来。

焦虑来源于那些没有解决的问题。如果我们能够解决自己生活中的问题，也就不会再担心孩子的成绩。也许我们小的时候，分数是非常重要的因素。所以,尽管我们理智上明白成绩无法决定孩子的未来,而且很多成功者并未取得过优异的成绩;但在情感层面上,我们很多人却仍然纠结于孩子的成绩。孩子会敏锐地从我们的反应中感到这种纠结,如同我们当年从自己的父母身上察觉到一样,孩子也会在考试中表现出相应的焦虑,甚至觉得肚子疼、头疼等。无论孩子的性格如何,以何种方式表现,这些焦虑总会浮出水面。这种处理问题的情绪化习惯会在家庭中代代相传。

一位名叫亚历山德拉的母亲告诉我,她面对的最大的挑战是每天都要围绕什么时候关电脑与孩子争吵。"这件事已经困扰了我一年。"她抱怨道。如果我们长久地陷入某种模式无法自拔,那么可以肯定的是,它的根源来自我们的童年。这种模式盘桓不去的原因在于它唤起了我们熟悉的情绪,无论这些情绪多么地让人不舒服,但它们已经成为我们的习惯。

我告诉亚历山德拉,她应该对争吵负责。她反问:"难道我愿意吵架吗?我痛恨争吵,但我不知道如何结束它。"如果深入挖掘,她就会意识到,她和孩子的矛盾来源于她自己的内心冲突。她讨厌孩子利用她的善良本性,但她的潜意识向孩子传达的信息却是讨好。这种不自觉的习惯是她刚愎自用、难以取悦的母亲给她养成的:亚历山德拉从小就渴望得到母亲的关注,所以她总是放下身段,不顾一切地取悦母亲。

> 我们与孩子的一切矛盾都源于我们自己潜意识里的冲突。

当父母带着育儿方面的问题来找我的时候,我首先会从父母身上寻找原因。与亚历山德拉一样,当我指出父母自身的问题时,他们都十分震惊。然而,我会让他们意识到,他们童年时代没有解决的情感问题仍然左右着他们的生活，又以同样的方式影响到他们孩子的生活。

最后，家长们恍然大悟：他们与孩子的一切矛盾都源于他们自己潜意识里的冲突。对某些父母来说，这一点开始时可能很难接受。本书出版之前，一位精明的评论家表示："曾经有一段时间，我不同意'一切'矛盾都与我们潜意识里的冲突有关，但后来我改变了看法。"

以垃圾食品为例。孩子喜欢吃麦当劳，但家长不希望他们吃，并且因此与孩子产生了长期的矛盾冲突。此时，家长需要意识到，在某种程度上，孩子对垃圾食品的渴望来自于家长的认可。也许家长不经常吃垃圾食品，甚至明确地告诉孩子吃麦当劳是不健康的。然而，家长在赶时间或者需要通过饮食减压的时候，却开车到麦当劳餐厅大快朵颐。哪怕只有一次，孩子也会察觉到父母言行的不一致，从而变得我行我素。

家长可能嘴上说："不要这样做。"然而，他们传达的真正意思是："如果你这样做，也不会承担什么实际的后果。毕竟，我有的时候也会这么做。"孩子会觉得父母实际上默许了这些行为。我们的意志力会受到潜意识的削弱，以至于我们的良好意图遭到破坏。除非认识到我们与孩子的大多数冲突都源于自己的内心冲突，否则我们只会注意表面问题，结果导致无休止的争吵，并迫使我们把毫无用处的"纪律"搬出来对付自己内心创造出来的怪兽。

一旦我们理解了潜意识是如何以微妙的方式影响人的言行的，就会意识到孩子的很多不当行为实际上是对我们创造的情境的自然反应。所以，惩罚是完全不适当的，因为问题并非来自孩子。

如果孩子总喜欢吃垃圾食品，那是因为家长一边说垃圾食品不健康，一边却在享受它们，家长自己并没有真正接受和遵循健康的饮食方式。如果孩子每天都玩好几个小时电子游戏，家长必须认识到，这些习惯可能是孩子从我们身上学来的。在孩子眼中，父母就是沉迷于垃圾食品和电子游戏的人。还有些家长在焦虑的时候喜欢抽烟，他们相信抽烟可以化解焦虑。总之，如果父母喜欢通过暴饮暴食或抽烟酗酒的方式减压和驱赶负面情绪，那就相当于下意识地告诉孩子，离开了这些东西，他们就无法处理自己的情绪问题。因此，当孩子遇到压力的时候，也会以种种消极逃避的方式作出回应。

如果一位母亲每天要花30分钟化妆，并且总站在镜子前面抱怨自己的容貌不好看，那么她给孩子传达的信息就是，外貌是自我价值最重要的衡量尺度。如果一位父亲讨厌自己的工作和上司，不停地抱怨工作量大、工作时间长，就会不知不觉地让孩子认为工作是单调乏味、令人厌烦的东西，因此也不愿意面对真正需要解决的问题。就这样，孩子全盘吸收了我们的缺陷，将它们内化为自己的习惯。

当父母的行为符合自己的意图时，就能以诚实的方式对待自己的孩子。在这种民主沟通氛围中长大的孩子，知道自己的父母能够以身作则，他们也会由衷地赞同和遵守父母建立起来的规则。例如，看到父母每天早晨都把床铺收拾得整整齐齐，孩子也会不自觉地照做。

孩子会不断地模仿我们的行事方式。他们总是在看着、听着并暗暗记下我们的言行举止。所以，刚刚做了父母的人，一旦意识到自己将这样成为孩子的榜样，势必觉得压力很大。无论我们选择苏打水还是白开水，炸薯条还是蔬菜沙拉，健身还是电子游戏，都会对孩子造成巨大的影响。我们如何利用时间，如何应对焦虑，如何处理问题，如何与配偶相处，以及如何管理经济问题等，都在无形之中塑造着孩子的生活。

我们能够成功担起这么多的责任吗？据我所知，虽然一开始很难，但只要我们的家庭是建立在喜悦和爱的基础上，而不是依赖所谓的"纪律"来维持，那么答案将是肯定的。

HOW TO SAY "YES" OR "NO" EFFECTIVELY

Chapter 8　如何有效地表达肯定和否定？

如果父母的生活能够体现诚信的原则,那么孩子就更容易接受父母的拒绝。

一位母亲向我抱怨道:"我讨厌孩子们说脏话,这让我难以忍受。我们在家里从来不说脏话,我不知道他们是从哪里学会的。"

"你是怎么向孩子表示你不喜欢他们说脏话的?"我问。

"我告诉他们,不要说脏话。"她说。

"你会经常这么说吗?"我问。

"哦,我说了不知多少遍,连我自己都不想再说了。"

"那么,如果你的孩子不顾你的反对,一直打你的话,你只会简单地告诉他们'不要打我'吗?"

"当然不会。我会清楚地向他们表明,打我是不能接受的行为。"

"你觉得孩子会不会听你的话呢?"

"如果我十分严肃的话,他们会知道我是认真的。"

"这是不是说在很多情况下,你说的话并不算数?你的孩子明白这一点。"

父母们经常哀叹:"当我对孩子说'不'的时候,他们总会大发脾气。如果我说'可以',就万事大吉。怎么才能让孩子接受我的反对呢?"

我的回答是:"肯定与否定并不重要。"父母们听了都感到十分惊奇。我指出，关键在于孩子是否相信父母能够坚持他们的决定。如果父母决心已定，并且明确地表达肯定或者否定的意见，孩子就会作出适当的响应。

有多少次，我们未经考虑就对孩子说"是"？它并不反映我们的真实想法，而只是我们的情绪反应和对孩子的轻率敷衍。孩子很快就会意识到，我们的肯定并非出自真心。同样，我们也会在看似没有理由拒绝的时候说"不"，让孩子觉得我们的态度很随意。结果，在他们看来，我们的肯定和否定都没有实际意义。这意味着如果他们坚持要求，我们可以随意改变自己的决定。

如果父母自己都不遵守家庭规则，也就无法激励孩子遵守。难怪孩子会挑战父母的底线，一再逼他们食言。例如，一个孩子要求父母给他买iPod touch，因为他的朋友们都有。但父母认为孩子不需要，即使给他买了，他的新奇感也会很快消失。然而，为了取悦孩子，加之自己的信念并不明确，父母会屈从于孩子的要求。

其实，遇到这种情况，家长不妨说："我知道你想要iPod。那我们来讨论一下它是否对你特别重要。如果我们都相信，它能够让你更积极地对待生活，那我们就想办法让你得到一个iPod，比如你自己也付一部分钱。此外，我们还得讨论你该如何使用它。"

进行这样的对话时，孩子会明白，父母不会随意地答应或拒绝他的要求，他们的决定背后总有严肃的理由和谨慎的思考。坚持运用这种有意义的对话，孩子就会觉得父母是自己的同盟。

一旦与孩子达成这样的共识，父母就不必被动地监管孩子，而可以依靠孩子成熟的程度来维持他们的协定。如果孩子不够成熟，父母仍然决定与他们达成协议的话，就需要作好孩子违约的准备。因此，父母在回答"是"或"否"之前，需要先做好自己的情感功课。

如果父母自己的生活能够体现诚信的原则，那么在需要的时候，孩子就更容易接受父母的拒绝。因为孩子明白，父母说"不"的原因并非滥用他们的权威。由于我们的肯定或者否定不是出于随机的意愿，孩子就会相信，父母的决定背后总有一个坚实的理由。因此，孩子也会欣然接受父母的意见。

如果父母根据潜意识里那些未经解决的情绪问题对孩子进行肯定或者否定，而不是依据孩子的发展需要，势必会引起冲突。但是，如果我们能够明确自己决定的目的，分清我们与孩子的轻重缓急，那么即使孩子不喜欢我们的决定，也会尊重我们的意见。

> 如果父母根据潜意识里那些未经解决的情绪问题对孩子进行肯定或者否定，而不是依据孩子的发展需要，势必会引起冲突。

一位家长抱怨："我儿子央求我给他买 X-Box 游戏机，我无法拒绝他，因为那样会导致无休止的战争。"另一位家长说："我女儿求我在她的房间里放一台电视机，我答应了，结果现在我经常需要督促她关掉电视。"这些看上去出于好意的行为很快变成了矛盾的来源。

在这种情况下，我的回应是："为什么你要给孩子提供这些电子产品呢？你有明确的理由吗？"

他们不好意思地回答："别的孩子都有这些东西。如果我的孩子没有，他们会觉得受到了父母的冷落。"

"'别的孩子都有'并不是你要给孩子买的理由。"我说，"如果你觉得你的孩子会对这些东西上瘾，那就不应该给他们买。无论给孩子买什么东西，都要考虑到它是否能够增进孩子的健康和促进家庭的和睦。"

很早以前，我就学会了不向压力低头，无论它来自我的女儿还是社会。无论"别的"人怎么做，都不会影响到我的决定和我对女儿负责的态度。在我们的文化中，同侪压力、学校、影视、互联网等都发挥着巨大的影响力。因此，根据我们的内心准则作出关于孩子的决定至关重要。我们的决定需要发自内心，而不是来自任何别的压力。当我们说"是"，百分之百意味着肯定；当我们说"不"，则绝对意味着否定。因为我们的意愿植根于内心和现实，所以孩子会遵从我们的决定。

当然，如果我的女儿唠叨不断，我也可能会发火，但这不会改变我经过深思熟虑作出的决定。在适当的时候，她会明白，我的拒绝并非出于刻薄，而是有着充分的理由。如果为了所谓家庭的"和平"，我可以很容易地对女儿说"是"来取悦她。然而，这样做表面上看皆大欢喜，却无益于我们成为合格的父母。问题的关键在于，我们是否能够满足孩子情感发展的需要。

因此，当有人对我说"我的孩子沉迷于网络"的时候，我会指出，互联网并非问题所在。电子产品本身从来不是问题。问题在于，我们并不清楚孩子使用电子产品的目的。随心所欲地告诉孩子他们应该或者不该看某个电视节目、可以或不可以上网都是毫无意义的，那样只能削弱我们决定的权威性。父母首先应该阐明自己的意图，问问自己对电子产品有什么看法？我们是否对这些小玩意有着自相矛盾的认识——一方面痛恨它们对孩子造成的影响，另一方面却一有机会就登录社交网站？

我们可以告诉孩子"别玩电脑了"，然而这句话很可能会让孩子觉得父母不过是个临时保姆——完全根据自己的心情来决定孩子是否应该使用某种电子产品。这也难怪孩子会在遭到父母随性的拒绝时大发脾气，因为说"不"本身并不构成问题，真正成问题的是我们拒绝孩子的方式。

父母的肯定或否定都要依据他们的深层次意图，应该具有明确的目的性。这种目的并非要控制孩子，而是必须符合现实的情况，与孩子的真实需求相一致。例如，我们都相信，用脚吃东西是不对的。我们需要通过奖惩的方式让孩子明白这个道理吗？不需要，因为我们可以用自己的行动来作出示范。

说起给孩子买东西，父母常常会出于内疚或者错觉给孩子购买他们并不需要的东西，却没有考虑如何处理才对家庭最有好处。如果家庭资金紧张，需要让全家人都知道这个情况，让每个人都面对现实。鉴于一夜暴富非常罕见，家庭的经济状况都是逐步改善的，所以应该审慎地让大家了解现状，从小教给孩子明智地使用金钱。对于自己不能拥有别的孩子享有的一些奢侈品的现实，孩子可能表示不满，但生活中总有各种不尽人意之事，要让他们面对现实。

如果我们试图迫使孩子相信，他们"应该"喜欢某些他们不喜欢的东西，或者"不应该"喜欢某些他们喜欢的东西时，那就是在操纵孩子，这往往会压制他们表达感受的自由。但如果我们向孩子阐明家庭的经济状况，告诉他们为什么不能购买超出我们负担能力的物品时，那我们就不会被孩子的不满动摇。我们允许他们表达不满，不会羞辱他们，但也不会屈从于他们的意愿。

如果我们在金钱方面存在潜意识里尚未解决的问题，也会影响我们与孩子打交道的方式。比如，孩子想要购买那些我们买不起的东西。假如我们对这些问题缺乏明确的看法，可能就会让孩子觉得我们能够买得起实际上负担不起的东西。孩子还有可能认为，虽然我们嘴上说没有钱，实际上还是会把钱花在他们身上。

问题的核心在于我们对待金钱是否具有明确的态度。首先，我们应该对现实情况加以总结。我们是否接受了现实？如果连我们自己都不接受，就别指望孩子也会接受，这也是孩子牢骚满腹、怨天尤人的原因。因为他们明白，如果不停地抱怨，我们或许就会屈从他们的要求。他们是利用我们内心冲突的专家。我们在金钱方面自欺欺人的态度削弱了我们的说服力，让孩子觉得，只要坚持要求，他们就会得到想要的东西。而如果他们没有得到想要的东西，即使并不理解真正的原因，也会怨恨我们。

除非知道如何面对现实，否则我们无法说服孩子，并且会让孩子觉得我们对他们传达的信息是："你真贪心，你应该为自己感到羞愧。你难道不知道钱不是从天上掉下来的吗？你似乎觉得我们家有的是钱？"通过这种方式羞辱诚实地表达自己愿望的孩子，是贬低他们的感情，把就事论事变成对个人品质的批评，结果只会让父母失望和孩子抗拒。

我们的孩子有权利提出要求，这是正常和健康的，是生活的需要，并不能说明他们是贪婪的。但是，如果一个孩子相信他的自我价值建立在物质渴望得到满足的基础上，那么这种想法是不健康的。父母应该给孩子设置明确的界限，让孩子明白不能屈从于欲望的驱使。

父母要清楚家庭的实际情况，包括有利条件和局限性，这样才能使家庭的需要和孩子的愿望之间的矛盾不会升级为一场战斗。"我完全理解你的想法，"我们不妨这样告诉开始注重个人形象的十几岁青少年，"但以我们家的条件，花 300 美元买一双运动鞋并不明智。我知道你多么想要，既然它对你如此重要，我们可以帮助你制定一个计划，让你自己攒钱把它买下来。"这样说既尊重了孩子的感受，又让他们了解到家庭的现实。

在这种情况下，最重要的是让孩子知道他们不仅有表达自己愿望的权利，而且如果他们愿意付出努力，我们将全力帮助他们实现这些愿望。这样可以教会他们设置人生目标，并让他们明白，无论目标有多难，通过沟通、合作与努力，就有可能实现它。与父母一样，他们也是世界的创造者,有能力将自己的梦想变为现实。这样的孩子长大后,会在生活中作出积极的决定。如果我们能够在这样的层面上尊重自己的孩子,以有意义的方式与他们的愿望互动,他们就不再是我们决定的被动接受者,而且还会在生活中发挥积极作用,从而使潜在的冲突转化为学习如何成为现实与命运创造者的机会。

这种水平的交流并非一夜之间就能实现,需要父母在与孩子的每一次互动中加倍努力,在家长对孩子的控制受到威胁时尤其要注意。我们与孩子相处的每一刻都体现着对过去的反思,也将为未来打下基础。每一次肯定或者否定都必须是一以贯之的过程,而不是随意作出的决定。在一致性原则下长大的孩子,不会再简单地被"是否遵守规则"所左右,而将学会与现实和谐相处。

蒙台梭利教育经典
每位父母都应该知道的《童年的秘密》

扫码免费听,20分钟获得该书精华内容。

YOU'RE NOT A MOVIEMAKER
Chapter 9　你不是电影制片人

父母很容易将自己的愿望投射到孩子身上，随心所欲地为他们的生活撰写剧本、购买戏服并预测"电影"的结局。

我们每个人都会在心里暗自设想生活应该如何如何，并促使与我们关系亲密的人扮演我们希望他们扮演的角色，却很少考虑他们是否同意这样做。我们把自己的剧本强加给他人，从来没有真正停下来想想，他们是否真的适合这些角色。

对于陌生人或者不算是朋友的熟人，我们会保持克制，不对他们指手划脚。我们知道，如果对他们施加太多干预，他们会干脆地走出我们的生活。然而，我们却很容易将自己的愿望投射到孩子身上，随心所欲地为他们的生活撰写剧本、购买戏服并且预测这部"电影"的结局。

我们的孩子被我们的"关怀"劫持了。被父母指定了角色的孩子别无选择，要么放弃真实的自我，扮演剧中的角色；要么冒着被制片人镇压的危险奋起反击。这两个选项构成了父母眼中孩子"行为举止"问题的基础。

由于我们十分重视自己在潜意识中写就的"剧本"，并且把一生的时间都投注在拍摄这部"电影"上面，所以我们会拼命地迫使孩子按照我们的要求表演。如果"电影"的票房不佳甚至不符合发行要求的话，我们就会备受打击，甚至会愤怒地咆哮、尖叫，并归咎于别人。当然，现成的替罪羊是我们的孩子。

我经常会观察自己的"潜意识电影"是如何在家中上演的。在我亲自撰写的一个剧本中，我把自己塑造成了一位赢得全球美食烹饪大赛冠军的"神奇大厨"。一天下午，在灵感的驱使下，我给女儿烹制了一份蔬菜千层面。我决定，女儿必须喜欢这道菜。毕竟，有多少母亲会为女儿精心制作蔬菜千层面作为下午茶呢？

玛雅放学回家后，我兴奋地向她展示我的杰作。"请看！"我掀起了锅盖。

玛雅看了一眼说："那是什么？我不会吃的。"

"你记错了台词！"我想大叫，"请跟着我说：'哇，妈妈，这真是太棒了！我太幸运了，因为我的母亲是世界上最好的厨师之一。'"

就在我暗中抱怨"我费心费力地准备了这道千层面，结果女儿却不领情，真是忘恩负义"的时候，玛雅忙自己的事情去了，把我一个人留在那里欣赏自己的作品。

在那一刻，我几乎感受到灵魂出窍的体验。我仿佛看到自己孤独地徘徊在聚光灯下的舞台上，面对着空无一人的观众席，可怜极了。我甚至给这部独角戏起好了标题，就叫做"牺牲与荣耀"。看到自己的潜意识想要讨好女儿，我突然发现自己有两个选择：要么假装我并没有把自己编造的剧本强加给女儿，指责玛雅怠慢我；要么面对真实的自我，脱离我给自己设定的电影角色，把玛雅当作真实的人来对待，而不是"应该感激母亲对她所做的一切的女儿"。

如果我让潜意识来统治自己，就会严厉地斥责女儿："你这孩子真是不懂礼貌！你怎么能不尊重别人的劳动成果呢？难道你不知道非洲还有人在挨饿吗？难道你不明白我为了给你准备这道菜付出了多少辛苦吗？"

驱使我产生指责女儿的冲动的原因，无非是我想要再次感受自己的强大，强调自己高高在上的母亲地位。与此同时，我却不在乎自己是否将玛雅贬低得一文不值，不考虑她是否会因此不敢做真实的自己，因为那样是不安全的，会遭到惩罚。

成为"神奇大厨"只是我创作的诸多剧本之一。此外，我还乐意把自己塑造成一个自我牺牲的母亲，并且为这个角色进行了许多设定：

我总是很忙。
我累极了。
每一件家务事都需要我来做。
为什么我的孩子这么不听话？
这总是发生在我身上。
为了我的家人，我放弃了内心的安宁和平静。

我的朋友们也和我分享过她们最喜欢的电影剧本：

无论如何，孩子必须听话。
教育是最重要的事情。
我的童年算是毁了，但我的孩子拥有幸福的童年。
我24小时全天候地为孩子能过上比我更好的生活而努力。

这些主题成了我们的电影剧本的画外音。它们已经在我们的耳边回响了这么多年，以至于它们几乎像我们的皮肤一样，早已成为我们身体的一部分，很难引起我们的注意。因为它们是我们心灵的复杂组成部分，所以我们很少质疑其合理性，总是习惯于给自己贴上"贤惠、耐心、付出和牺牲"的标签，认为所有的错误都是别人犯的。

不过，我的女儿恰好非常有主见。对于我将自己塑造为名厨的剧本，她完全不买我的账。这一方面反映了她的天性，另一方面反映出她父亲和我与外界的互动模式，两者的叠加形成了她自己的处事风格。如果我惩罚她，她会作出强有力的反应，比如宣布："我告诉过你，我不想吃这个，别强迫我！"然后，我们会陷入无休止的争吵。

"你竟敢用这种口气跟我说话？"我会愤怒地说。

"妈妈，别再说了，"她会尖叫，"我没有做错什么，是你错了。"

这时，我会采取父母们常用的纪律战术——宣布"休战"，然后对女儿说："请到你的房间去，小姐，等你学会了礼貌再出来！"

我读过的许多家庭教育方面的书籍，往往十分推崇这种方法，然而其工作原理却是建立在幻觉的基础上。虽然表面看来它的目的是平息冲突，但实际上却推迟了问题的解决。回避问题不等于解决问题，甚至会让本来不该存在的问题延续下去。

出于个人意愿，我当然希望剧情按照我自己创作的剧本来发展。事实上，玛雅的反应是没有问题的；问题在于，我不喜欢她的反应。因为她没有按照我的剧本来表演，反而打击了我的自尊。我可以抓住这一点大做文章，因为她竟敢公然违背母亲的意愿，她应该得到某种形式的管教。但是，我编写的剧本建立在无视女儿真实自我的基础上。如果我强行让它上演，蛮横地否认女儿的真实感受，就完全忽视了哪些东西才是真正对女儿重要的。

幸运的是，我的女儿是个意志坚强的人。然而，如果她生性柔弱，遇到这种情况会怎么办？她很可能为了顺从我而压抑自己的真实感受，吃掉我做的千层面，甚至违心地称赞我的厨艺。虽然从表面上看我实现了自己的目标，但付出的代价是牺牲了女儿的自我，让她觉得别人可以无视她的感受——不仅是她的母亲，生活中的其他人也可以这样对待她。难怪那么多的女孩子长大后都成为家庭暴力的受害者。

你可能会说："作为孩子，不应该挑剔食物，如果家里只有烤面包片，执意要求吃羊角面包是不对的。"的确，孩子不应要求得到家里无法提供的东西。然而，如果我们能够抛开控制欲，尊重孩子的意愿，做出他们喜欢的饭菜；那么通过这种方式，父母的养育过程就能转化为亲子间的合作，同时考虑到了父母和孩子双方的需要。

家长需要弄清楚，自己是否仍然沉浸在自我幻想之中，以至于无法给予孩子表达意愿和感受的自由。若是如此，我们就只能依靠纪律来逼迫孩子，因为孩子不可能每次都心甘情愿地遵循我们的指示。作为人类，为了宣示自己的权利，孩子会作出反击。父母的育儿目标不是粉碎孩子的这种自我确认，而是培养其健全的人格，使他们明白自己的心意，使得他们面对自负的父母时，敢于表达自己的意见，提出合理的质疑。

> 正是父母对实现自己的"剧本"的坚持，导致他们执着于推行所谓的"纪律"。

正是父母对实现自己的"剧本"的坚持，导致他们执着于推行所谓的"纪律"。我说的"剧本"是指父母的所有信念，包括我们没有意识到但确实存在的想法，例如我们对上帝的认识，对"成功""美""好孩子""好伙伴"的定义，以及对应对失败、处理创伤的想法等日常生活的每一个方面。虽然我们意识不到自己对某些固有的世界观的执迷，但它们始终主导着我们与孩子的互动。

思考一番那种"父母提供什么食物，孩子就应该吃什么"的想法，就会发现它本质上是对孩子喜好的忽视，以及对亲子间合作关系的否认。它使得父母成为家庭的独裁者。当然，我们也不希望孩子成为独裁者，比如让孩子吃到他们想吃的任何食品——每天都吃薯条和冰淇淋。这两个极端都是不健康的。理想状态是中庸之道，即家长明白需要同时考虑自己和孩子的愿望。明智的父母会采用引领而不是独裁的方式。他们知道，除非孩子的感受得到尊重，否则不会推出持久性的解决方案。

当我震惊地发现，潜意识中的"大厨"剧本导致我把玛雅合理的拒绝视为对我的冒犯时，我决定作出改变，从一个自认为能够为女儿制作出她最爱食物的母亲转变为真正尊重女儿的母亲。我要重视玛雅的回应，而不是执迷于所谓的"伟大母爱"。

"你知道，玛雅，"我说，"为了做出你喜欢的饭菜，妈妈确实尽了力。"

玛雅回答："我知道，妈妈，谢谢。但下一次请不要这样，我喜欢把蔬菜分开来吃，不喜欢把它们混合在千层面里。"

我相信，正是因为我没有逼她喜欢千层面，她才能坦率地表达自己的看法。所以，我把盘子和自己的自负收拾到了一边。玛雅继续看她的书，仿佛什么都没有发生过，她也没有注意到我内心曾经出现过的这场斗争。对她而言，这件事只和她的饮食爱好有关，并不会伤害我的感情和我对自己厨艺的自信。

奇怪的是，我也感到解脱。我没有简单地按照自己的潜意识剧本来表演，避免了育儿过程中的一个巨大失误。对于我来说，这是一种顿悟。我意识到，所谓的"纪律"是父母潜意识作祟的产物。我们认为孩子需要管教，其根据并非孩子的行为，而是自己对"我的孩子应该如何"的想法的执迷。

我们之所以会创造这样的剧本，是因为我们无法接受自己和他人的"本来面目"。有效养育的关键在于，走出剧本模式，接受"本来面目"。当我们拥抱孩子的"本来面目"，就不再会责怪他们不符合我们的设定，也不会再试图去改变他们，从而使育儿从控制变为指导。

ABANDON THE IDEA OF PERFECTION
Chapter 10　放弃完美的理念

你的头发、你的脸、你的衣服、你的房间、你的分数都不能代表你自己,你比这些东西中的任何一样都要奇妙和美丽,这是你的本质。

我记得当我第一次大声呵斥女儿时,她脸上的表情似乎在说:"你为什么像看坏人一样看着我?"女儿认为我背叛了她,她的想法令我震惊。

在那一刻,我开始清楚地意识到,孩子们天生都认为自己是好人,只有在和别人(主要是父母)的互动中,他们才会对此产生怀疑。直到父母向他们指出所谓的"错误",孩子才会觉得自己做错了。是孩子做错了,还是父母因为孩子与自己不同而认为他们有问题?

以南希和她的女儿萨曼莎为例来讨论这个问题。从萨曼莎两岁开始,她和母亲就冲突不断。"我们就像油和水一样互不相容。"南希哀叹,"我弄不明白,她总是知道该怎样惹我发火。"

难道萨曼莎真的愿意激怒母亲吗?还是说萨曼莎的天性让南希看不惯?南希温和内敛、富有条理,而萨曼莎则开朗热闹、马马虎虎,甚至有点笨手笨脚。换言之,萨曼莎的自然本性恰好与南希追求完美的原则相悖。

"我无法不去注意她做的坏事。"南希抱怨,"相信我,她做过很多不好的事。"萨曼莎真的"坏"吗?南希把女儿不符合她期望的地方标注为"坏",因为她无法接受女儿与自己的不同之处,因此视它们是

"坏行为",并且运用纪律来管束女儿。这不可避免地触发了萨曼莎的自保本能,让她更为坚决地捍卫自己的权利。

人的潜意识会不知不觉地把自己不明白的事物判断为"坏"的。我们必须面对的事实是,孩子有时会做出违反逻辑的举动,我们珍视的各种价值观也会时常遭到他们的挑战。当孩子的行为超出我们习以为常的框架时,无论我们多么以思想开放自诩,都会严厉地批评孩子。创造这些框架的是我们的大脑,但对孩子而言,它们是不存在的。面对孩子的"出格"行为,我们通常不知道如何采取灵活的处理方式,尤其是对于那些"偏离"了主流路径、有特殊的需要、过于敏感或者存在学习与关注问题的儿童。这些孩子极易受到负面标签的影响,我们的潜意识不经意间就会使用这些标签,结果迫使孩子做出更多所谓违反规范的行为。

我们的潜意识会自然地把符合自己要求的东西定义为"好"的,反之则是"坏"的。因为我们无法承认自己的弱点,所以会把它们与自己的意识剥离,并将之放到别处。这样做的原因是我们还没有作好准备接受人性,承认自己也会犯错,甚至可能做出愚蠢的举动。我们也没有充分认识到人的能力各有不同,难以量化。有些人属于主流之外,但这并不意味着他们就不能拥有与我们同等的权利。

在育儿方面,我们同样容易随波逐流,以大众化的观点衡量自己的孩子,结果那些不符合世俗标准的儿童就会遭到压抑和遏制。进一步说,如果你的孩子在派对上因为不适应社交而让你丢了面子,你会作何反应?你可能会严厉批评和判断他们的行为,因为孩子不符合主流的事实让你感觉无法忍受;而且你会因此埋怨自己的不足,这更使你难以承受。

我们无法让自己或者孩子达到所谓"完美"的标准,这看上去似乎很悲哀。然而,人无完人,人生来便不完美。可很多人却认为,这种不完美等同于堕落。

如果你在学校的舞台上表演时忘记了台词,会有什么感觉?很可能狼狈极了,恨不得找个地缝钻进去。在这样的时刻,你往往会用别人的想法和嘲笑来折磨自己。在重要的棒球比赛中,如果你在需要接球的时候不慎把它掉到地上,会有什么感觉?你只想尽量掩饰自己的尴尬,同时在心里怪罪自己,感觉丧失了个人价值。

学会接受自身的缺陷是生活中的重要一课。这对父母来说都存在困难,更何况是教给孩子呢?我们大多数人都难以接受自己的不完美,进而又导致孩子的自责、自我厌恶和自我贬低。我认识的大多数女性都不满意自己的外貌或身材,许多男人亦是如此。有的人感觉自己无法胜任工作,有的人觉得自己赚的钱不够多。当然,我们都知道自己有缺点。遗憾的是,家长难免会把这种挫败感传染给孩子,结果让孩子也对自己产生类似的消极看法。

虽然我们需要放弃对完美的苛求,但这并不意味着"万事皆可"。我们可以鼓励孩子尽最大努力追求完美,或者符合主流的要求。我记得自己曾经给女儿纠正过书写方面的问题。玛雅平时的字迹清晰可辨,称得上整齐。然而,有一天晚上,她的家庭作业却写得很凌乱,我温和地建议她把写乱的地方改一下,恢复平时的整齐。玛雅生气地说:"你太苛刻了,妈妈,我已经尽力了。"泪水涌出她的眼睛,她补充道:"你不喜欢我写的字,这伤害了我。"

我意识到自己需要引导她明白,我们的外部行为,比如我们的笔迹,与我们的个体价值没有任何关系。于是,我回答她:"谢谢你告诉我你的感受。如果你不愿意,就不必改变你的笔迹。你需要知道,笔迹并不能代表你这个人,甚至你的头发、你的脸、你的衣服、你的房间、你的分数都不能代表你自己,你远远超过了它们的总和。你比这些东西中的任何一样都要奇妙和美丽,这是你的本质。你的本质永远不会是丑陋、愚蠢或者卑微的。所以，如果我、你的老师或者其他孩子告诉你，你的头发很难看，或者你写的字很丑，要记得它们不代表真正的你，它们只是你暂时用来表达自己的方式，它们无法定义你这个人。现在你明白了这个道理，如果我再建议你改写一下作业，把它变得像平常一样整洁的话，我想你是不会介意的。不过，决定权还是在你手中。"

她目瞪口呆地看着我。妈妈究竟在说什么？我意识到，目前这些概念是她很难把握的，但在她准备好的时候，我播下的种子一定会开花结果的。

玛雅说："好吧，让我再试一次。重做没有什么大不了的。"在一定程度上，她开始明白，没有必要把自己的外在表现与内在人格过度挂钩，要学习接受自己的缺陷，而不是过分强调它们，并且把纠正缺陷视为学习的机会。

关于如何接受自己的不完美，我们会为孩子定下基调。他们对不完美的接受程度取决于我们对自身缺陷的接受程度。

"妈妈，你太胖了，"玛雅对我说，当时她坐在我的背上假装骑马，"看看你胳膊底下的肥肉。"在那一刻，我意识到，我要么把她的评论完全视为针对我个人的伤害；要么就接受自己肥胖的现实，从而告诉女儿，自我价值感不需要和外貌捆绑在一起。

于是，我没有批评她刻薄或者侮辱我，而是表示："是啊，我知道，有点像飞机的翅膀，对吧？"我们都咯咯地笑了起来。

当孩子意识到父母并没有因为自身的缺陷而困扰的时候，他们也就能学会拥抱自己的缺陷，面对现实，不会随意给自己贴上"好"或"坏"的标签，学会全面地看待一切事物。每个孩子在学习走路的时候都会磕磕绊绊，人的不完美亦同此理。如果我们能够坦然接受，而不是为此害羞，就给了孩子充分自然地发展的自由。

Chapter 10　放弃完美的理念

> 关于如何接受自己的不完美，我们会为孩子定下基调。他们对不完美的接受程度取决于我们对自身缺陷的接受程度。

那么，患有抑郁症或者处于自我厌恶的痛苦中的父母该怎么办？与其竭力呈现完美，不如欣然承认自己的不足。

大多数人都习惯于挑剔他人的不足，将自己与别人的缺陷区别对待。但抑郁患者却不是这样，他们会挑剔自己的毛病，批评自己。这两种情况都反映了人对自己的长处和短处缺乏客观的认识。只有当我们在没有任何夸大或贬低——既不认为"我是完美的"，也不认为"我是无可救药的"——的前提下接受自己的时候，才会有所转变。

自我批判好比一位毫无价值的暴君。每个人的本来面目都需要被无条件地接受。我们在抱着共情的态度而非歉意对待自己的缺点时，也会接受别人的不足。换言之，对自己的共情会导致对他人的共情。在这样的氛围中，我们的孩子才会茁壮成长。

当我们潜意识的标准与孩子的本质相矛盾的时候，无论我们表面的意图如何，都会引发冲突。孩子能够察觉到我们试图强迫他们违背自己的本性。所以，父母的指导行为的意图和目的必须以孩子的个性作为出发点。如果我们的建议符合孩子的特点，孩子就容易接受，因为他们知道我们提出的东西与他们的灵魂有着共鸣。

然而，大多数父亲很少考虑这一点。当他们知道自己有了儿子的那一刻，就会迫不及待地给孩子购买棒球用具，或者想尽早教他们打篮球。如果他们的儿子喜欢跳芭蕾该怎么办？就像电影《比利·艾略特》（*Billy Elliot*）描述的那样，一个男孩在自己对舞蹈的热情和父亲希望他成为拳击手的期待之间左右为难。作为男孩，究竟应该有什么样的爱好？这个问题令比利的父亲非常苦恼，因为他难以接受儿子的本性。

优秀的律师托尼就在接受儿子的"本来面目"上走过了一段崎岖的道路。因为工作原因，经常周游世界的托尼擅长同时处理多个任务，高效率已经成为他的标志性能力。但他的儿子内森却一点都不像他。内森生性敏感，反应迟缓，说话轻声细语，做事慢条斯理。托尼认为这是儿子对自己的抵触甚至蔑视，因此非常生气。他无法理解内森为什么具有梦幻般的、被动而细心的性格。他总是朝儿子大叫大嚷："你是怎么回事？你为什么不能再快一点？快点，看在上帝的份上。"这导致内森不愿意和他交流，甚至变得更加胆小畏缩。

托尼认为，作为家长，他的做法是正确的。潜意识告诉他，生活是快节奏的，而他的儿子却总是慢吞吞的。所以，他觉得要通过纪律来约束儿子，但内森实际上只是坚持了自我而已。

与那些对儿子抱有期望的家长一样，很多父母希望自己的女儿长大后可以成为贤妻良母。如果她们选择了不同的人生道路，比如不要孩子、保持单身或者经常更换人生伴侣，父母往往难以认同女儿的选择。

作为父母，我们相信自己在某种程度上是为了孩子而存在的。我们自认为会倾听他们的意见，永远支持他们，却很难意识到在很多情况下，我们所做的恰恰相反。支持孩子，意味着父母要清楚自己的潜意识标准，不要把它强加给孩子，不要干扰他们的生活方式。听取孩子的意见，意味着不用我们自己的思想、观点和判断阻挠孩子，对其发展提供全面的支持，承认人无完人。

任何人都无法完全摆脱自我潜意识的窠臼，它来源于我们自己的性格和经历。对孩子的倾听和支持建立在实事求是的基础上。明白了这一点，父母可以针对孩子的性格特点选择与他们进行情感沟通的方式。我们不能因为孩子按照自己的选择去生活就惩罚他们。我们应该引导他们认识自己，根据自己的个性创造属于自己的生活方式，鼓励他们活出本真的自我。

A STRONG CHILD LIVES HERE
Chapter 11 这里住着一个坚强的孩子

通过诸如鬼怪、僵尸等形象,孩子在向我们展示他们的不安全感。父母可以通过各种各样的方式帮助孩子建立安全感。

孩子生下来便有感知世界的能力，他们知道什么让自己高兴，并且会迅速摆脱不喜欢的东西。然而，随着与父母互动的展开，他们变得不那么强调自己内心的感觉，往往屈从于父母或他人的意愿。

与秉持开放性和原创性相比，照着现成的剧本培养孩子看似省时省力得多，但父母必须清醒地认识到，要绝对避免将自己的意志强加给孩子——这是许多人遇到问题时都会采取的办法，它可能后患无穷。根据孩子的真实需求作出回应，尽管既耗时又繁琐，但从长远来看，却会解决许多棘手的问题。孩子的很多反常行为都是由于他们的需求没有得到满足而引起的，如果父母任由这种情况出现，势必会陷入苦恼的深渊。所以，在孩子年纪尚小的时候，如果能够采取"与众不同"的尊重孩子的方式彻底解决问题，哪位家长会不愿意去做呢？

细心聆听孩子的心声——而不是我们希望他们怎么做——是至关重要的。我女儿玛雅3岁的时候被狗咬伤了。她经常和这只名叫波佐的狗玩，彼此之间感情深厚；但在玩耍打闹的时候，波佐不小心咬到了玛雅的耳朵，结果她需要去医院缝针。对这个年龄的孩子来说，这是一次创伤体验，对做父母的也有影响。

玛雅抽泣着，激动地宣布："我恨波佐！它是怎么了？我讨厌它！"

我怕这件事会给她的人生留下阴影，让她对狗产生恐惧，便解释道："噢，玛雅，不要生气，波佐不是故意的，它只是太兴奋了。"

玛雅激烈地反对："不，妈妈，它是一条坏狗，我不喜欢它了，它坏。"

我差点就要脱口说出："噢，该死的狗，因为它我的女儿对狗产生了心理阴影。她过去一直很喜欢狗，但现在它毁了一切。"

然而，我转念一想，不应该这样诋毁波佐，要让女儿客观地看待这件事。我意识到，自己想要安抚女儿的冲动来自于内心的焦虑。你看，在我的剧本里，玛雅总是会和小动物愉快地相处，而现实却出了岔子。出于对"本来面目"的抗拒，我把自己想象为电影导演，试图操纵玛雅按照我的方式看待事物。

情感的特点在于，它们可能没有什么意义，也不需要是合理的，并且它的出现不需要我们的批准。因为我们习惯于理智地思考问题，所以我们试图通过分析解释来消除各种情绪感受，而不是让孩子自然而然地去体验它们。这是我们自寻的苦恼，对此我们需要学会宽容。

值得庆幸的是，玛雅能够明确地表达她的真实感受，无论她的论据是否成立，她至少讲出了对波佐的愤怒。如果我忽略这一点，就是不尊重她的体验。我曾经想要按照自己的设想左右她的感受，如果继续沿着这条道路走下去，势必会引起孩子的心理问题。

我必须感谢我的丈夫，他实事求是地表示："这类事情的发生，超出了我们的控制，我们可以利用这个机会教玛雅如何应对各种人生创伤。不要假装它们没有发生，也不要让她觉得事情和她想象得一样糟糕。"这些话让我恍然大悟，让我停止强迫玛雅来配合我的剧本，而是允许她坦率地表达自己的感受。

一连几天，玛雅都在诉说她有多么愤怒，甚至还给波佐写信和画画，告诉它自己的感受。这些办法帮助玛雅宣泄了情绪，让她能够原谅波佐，欢迎它回到自己的生活中。我的担忧并没有发生，直至今日，玛雅仍然喜欢狗。

如果我们能够站在孩子的角度，允许他们跟随内心的感觉，那么语言往往是多余的。实际上，言辞很容易扭曲真实的体验。我们只需要陪伴在孩子身边，不要转移他们的注意力，不要打扰他们的思考，不要迫使他们超越自己目前的状态。那么在这个过程中，他们将逐渐学会自我反思的艺术。我见过很多不知道自己真实感觉的孩子，期待父母告诉他们应该如何去感受。假如孩子不得不询问父母哪些感受是正常的，那就说明他们已经失去了主动感知自我的能力。

在《父母的觉醒》这本书中，我曾谈到玛雅 4 岁的时候，情绪特别焦躁不安，难以取悦；她不停地表示自己很无聊，无事可干。这让我很受打击，因为我想做那种善于激励孩子的父母。我的第一反应是营救她，同时也营救我自己。一个好母亲不是有义务让孩子变得充实起来吗？就在我思考是否应该打开电视、和她做手工或者带她去公园的时候，我突然意识到："要是一直依靠我来拯救，她又怎么能够学会自己摆脱无聊呢？"孩子需要在无人协助的情况下管理自己的情绪，所以我告诉玛雅："感觉无聊也没有什么大不了，不妨继续无聊下去。"

她带着失望和惊讶的表情看着我，似乎我的神经有点不正常，然后大声嘟囔着离开了我的房间。过了一会儿，我注意到她的抱怨似乎有所减轻。当我走进她的房间，发现她正悠然自得地给娃娃哼歌。

如果我当时自以为是地充当了女儿的"拯救者"，费尽心思取悦她，就不能鼓励她安然接受自己的感觉，并学着自己疏导情绪。最终，我可能因为无法忍受她的消极状态（那让我觉得自己是个不合格的母亲）而冲她发火，告诉女儿她是个麻烦，需要我来拯救她。那样的话，

父母的觉醒 2——如何培养自觉的孩子

玛雅就会以为感觉是个可怕的东西，令人无法容忍，应该避免它们或者转移注意力。结果，她依靠一些肤浅的方式暂时克制住自己的感受，而不是学习体验它们的存在。

体验当下一刻的感觉，永远不会让孩子无聊。如果我们给他们足够的空间，而不是急于填补他们所谓的空虚，他们就会充分地挖掘和感受。所以，父母需要带头引导孩子，就像我曾做的那样，为他们设定基调。

如果父母教会孩子承认自己的感觉，即使它们是难以容忍的，那么孩子也会学到如何以健康的方式管理自己的情绪感受。遗憾的是，很多家长向孩子传达的信息却是，他们的感觉是不受欢迎的。而且，家长还使用各种形式的纪律惩罚孩子的感知能力，迫使他们隐藏自己的感受，结果做出严重的反常行为。

> 如果父母教会孩子承认自己的感觉，即使它们是难以容忍的，那么孩子也会学到如何以健康的方式管理自己的情绪感受。

在成年人眼中，孩子的感受或许是幼稚的，但他们并不傻。一个典型的例子就是孩子对黑暗的恐惧。因为怕黑，8 岁的凯瑟琳好几个星期没睡好觉。她的母亲斯泰西和父亲罗伯特十分迷惑，不明白为什么一向适应力很强的凯瑟琳会害怕鬼魂、僵尸和怪物之类的东西。

"我一直告诉她，没有鬼怪和僵尸，但她不肯听我的。"斯泰西抱怨，"我的嗓子都说哑了。"

罗伯特说："我们已经尝试了书上说的所有办法，比如贿赂她，惩罚她吵醒我们，甚至让她在房间里哭个够，但似乎没有任何效果。她一直说她害怕。"

失去耐心的凯瑟琳的父母觉得，女儿的表现十分异常，有必要作一下心理评估，看她是否产生了幻觉。

"首先要明白，焦虑不是惩罚就能解决的事，"我告诉他们，"其次，不要告诉她世界上不存在僵尸和鬼魂了。"

"什么？"斯泰西抗议道，"我不能鼓励我的孩子相信世界上有这种东西！我不想她的朋友们嘲笑她。"

"你让她相信圣诞老人，不是吗？"我追问。

"当然，"斯泰西反驳道，"因为圣诞老人是善良的，不是令人毛骨悚然的。"

"当孩子们表达自己的恐惧，我们需要配合他们，而不是抗拒。"我解释道，"如果我们抗拒他们的感受，他们会更加恐惧，因为他们会觉得只有自己害怕。"

借助贿赂、威胁或惩罚来消除孩子的忧虑，却无法解决他们恐惧的根本原因。通过诸如鬼怪、僵尸等想象的符号，孩子是在向我们展示他们的不安全感，他们没有能力应付自己头脑中那个可怕的世界。他们要求我们帮助他们解释这些可怕的现象，并且给他们一定的工具去理解。如果我们告诉他们没有怪物，就是在否认他们的感受。对他们来说，怪物是恐惧本身，所以他们才会"看到"可怕的图像——它们和成年人做噩梦没有本质的区别。

"凯瑟琳认为她的讲述十分真实，希望你们能理解她，"我继续说，"她试图告诉你们的是，她觉得不安全，缺乏对生活的控制。不要告诉她鬼怪是不存在的，而要帮助她更好地处理自己与世界的关系。"

"我们该怎么做呢？"罗伯特问道。

我告诉他们，有很多方法可以帮助孩子建立安全感，但原则是让孩子感受他们的感受。认可和共情是关键。

我帮助过很多孩子在他们的房间里创建安全区，让他们选择自己喜欢的毛绒玩具，在夜间"保护"他们。有些孩子在窗户上贴海报，上面写着"禁止鬼魂进入"或者"这里住着坚强的孩子——请退后"。我的一个朋友是我所认识的最强大的人，他小时候的枕头上排列着十几个毛绒玩具。他的父亲曾问他："你把头放在哪里呢？"

还有一个孩子，我们一起看了电影《ET外星人》(*E.T.: The Extra-Terrestrial*)，这让他发现外星人和怪物同样有一颗善良的心。那些外表看起来可怕的生物，或许内心是温柔可爱的。

对于年龄稍大的孩子，父母不妨扮演僵尸和怪物，为孩子的恐惧赋予语音和形体。有人告诉我："我和女儿把故事演出来，并且讨论鬼魂是如何愚蠢。它们不可能那么强大，因为它们喜欢住在破房子里，白天不敢出来。它们唯一能做的就是从我们的身体上穿过去，那还真是'吓人'呀。"还有一个孩子写信给她喜欢的仙子，请她保护自己。每天晚上，她妈妈都要假装那位仙子，在女儿的枕头下面放一张字条。

通过这些浪漫的方式，孩子学会相信，世界是一个安全的地方。我们可以通过各种各样的方式帮助孩子应付他们的世界。我们所需要的是创意，而不是警告或者惩罚。我们以这些方式消除孩子的恐惧，赋予他们力量，帮助他们处理压力，锻炼他们应对创伤和应变的能力。我们在孩子童年时帮助他们的方式，决定了他们将来处理成人世界危机的方式。

于是，凯瑟琳开始利用角色扮演进行心理治疗。她的父母交替扮演不同场景中的不同生物，她用玩具人偶组成"军队"保护自己，与怪物交战。随着时间的推移，她获得了管理恐惧的能力，学会了如何在晚上与鬼怪、僵尸相处。换言之，凯瑟琳和父母进行的场景疗法让她获得了在黑暗中独处的力量。

> 我们可以通过各种各样的方式帮助孩子应付他们的世界。我们所需要的是创意,而不是警告或者惩罚。

如果允许和支持孩子忠实于他们的真实感受,他们的情感就会更完整而不会分裂。感受永远不会因为遭到禁止而消失,只会被扭曲,并且以异常行为的方式表现出来。换言之,被压抑的感受会造成病态的人格,在情感之外的领域引起异常,比如做恶梦、胃痛或头痛、意识混乱;在更极端的情况下,它们甚至会引发抑郁症。

正如我多次强调的,未经处理的情绪感受会发展成得不到满足的需求。明智的父母应该允许孩子的情感得到充分的吸收和代谢。

IT'S NOT ABOUT YOU

Chapter 12 这与你无关

孩子来到这个世界,是来奋斗、探索、茁壮成长和享受生命的。

很多家长都认为，他们的育儿方式是对孩子最好的。毕竟，做父母的都愿意把孩子的需求放在首位，甚至排在自己的需求之前。虽然我们是这样告诉自己的，但我认为这是一个妄想。现实情况是，我们所有的人都会从自己的需求出发行事，包括育儿。

我经常问父母们，他们为什么要生孩子。他们的回答包括：我想体验有孩子的生活是什么样的，我想成为一名父亲，我想建立一个家庭，我想知道爱孩子和被孩子爱是什么感觉……这些回答相当常见。它们都是从"我"这个词开始的。这表明，对于许多人来说，比起孩子本身，生孩子更与他们自己有关。我们从小受到的教育也是要听父母的话，在学习、工作、买房、生子方面都要循规蹈矩，这样才能成为"正常人"，才是所谓的"成功"。

孩子似乎是用来满足我们的情感需要的。每个人都希望被孩子无条件地喜爱，这通常是许多人生孩子的动力。我们还倾向于利用孩子实现我们未实现的梦想，好像这可以在某种程度上弥补我们的遗憾。我们通过这样的方式满足自己的需求，结果很容易就会忽视孩子的需求。

奇怪的是，专注于我们自己的需要也会产生相反的效果。我们不仅没有忽略孩子的感受，反而对他们的感觉过于敏感。发生这种情况时，我们很可能想要不顾一切地保护他们。所谓的"直升机"父母就是典型的例子，他们觉得有必要24小时都像直升机一样悬停在孩子的头顶，并且认为这样做才是称职的家长。许多这样的父母牺牲了所有的空闲时间、兴趣和精力，全天候地呵护孩子。虽然他们看起来很无私，但实际上却是贪婪的人。

在我父母那一代，人们经常否认孩子的感受。而我们这一代更重视心理问题，倾向于过度保护孩子，特别是在我们不理解孩子的感觉时，这种情况时有发生。

举例来说，一位家长曾对我说过一件事。"我的一位小学老师给我带来了一段可怕的经历。于是，我一直对权威人物怀有恐惧。但我没有意识到这一点，因为这种恐惧被深藏了起来。将近30年过去了，当我8岁的女儿害怕和老师谈话时，我想起了自己小时候的痛苦，结果哭得比女儿还难过。我告诉女儿，我要给她转学。她很震惊，反过来安慰我：'我不想换学校或者换老师，我喜欢我的老师，我只是不喜欢她和我说话的方式。没关系，妈妈，我会没事的。'"

关心孩子和过度反应之间的区别是一门艺术。它要求父母清楚自己的需要，知道它们是否会影响自己对孩子的态度。你可能会问："我一直都在为孩子付出，怎么有空关心自己的需要？我在网球场一坐就是几个小时，看孩子练球。为了陪孩子，我连周末都牺牲了。"为了理解我们是如何利用孩子来实现自己未满足的期望，我们需要进行诚实的自我反省，也就是做"觉醒的父母"。

尊重孩子的感受，首先需要父母自身的成长。只有这样才能帮助孩子跨越成长过程中的障碍。我仍然记得，玛雅小的时候，我曾经对自己的母亲抱怨："她真难管，我不理解她。"因为我不知道女儿的想法是从哪里来的，感觉她快把我逼疯了。为了自我保护，我本能地贬低她。最初，我母亲耐心地安慰我，让我接受玛雅并不会按照我的设想成长的事实。然而，一天早晨，在爆发了一场战争之后，我母亲坐下来对我说："你最好振作起来，不要扮演受害者。你不是受害者，就算有人受害，那也是玛雅。你无法理解她，这不是她的错。她只是做自己而已。你的责任是弄清楚她的问题，满足她的需求。"

孩子来到这个世界，并不是为了做父母的傀儡。他们是来奋斗、探索、茁壮成长和享受生命的，在这段旅程中，他们需要我们的鼓励。当然，他们也不是来反抗我们的。在自然状态下，他们既不打算遵从我们，也不打算反对我们（虽然孩子具有模仿的天性）。顺从和反对的程度是父母育儿方式的问题指标。为了让事情回到正轨，我们需要接受孩子本来的样子。

很多人都没有学会如何容忍感觉，无论是强烈的快感还是深切的痛苦。我们会逃避面对当下的感受。所以，母亲会对孩子说："噢，你觉得伤心，让我给你一碗冰淇淋。"母亲试图做一个好母亲，但她回避了真正的问题。她不忍心让孩子感到难过，因为她不愿意孩子受苦。

> 孩子来到这个世界，并不是为了做父母的傀儡。他们是来奋斗、探索、茁壮成长和享受生命的，在这段旅程中，他们需要我们的鼓励。

如果我们无意识地将自己代入一个不恰当的模式，就会干扰孩子应对生活中高潮低谷的能力。例如，希拉的12岁女儿玛利亚抱怨，她没被朋友邀请参加犹太女孩受诫礼的庆祝活动。希拉不忍看到女儿失望，就给那位朋友的母亲打电话，要求她请玛利亚参加。结果对方被激怒了，把希拉和玛利亚列入了黑名单。

希拉愤怒地找到我,准备去和那位母亲理论。我指出,如果她允许玛利亚难过,所有这一切都不会发生。这种事人人都需要学会处理,不必感到自卑。过度保护女儿导致她剥夺了玛利亚体验这种正常的人生经历并由此提升适应能力的机会,这样的机会在生活中是至关重要的。

真正的问题在于,希拉在社交方面也有自卑心理。玛利亚的失望令她更加焦虑,于是她试图操纵女儿的社交。实际上,她是在对玛利亚说:"你没有能力处理这个问题,让我来。"她把玛利亚放在了自己的位置上:"如果你不能让别人邀请你参加活动,我就不得不介入,确保我们的家庭得到应有的承认。"当然,在更深的层次上,希拉回忆起了自己小时候被人拒绝的经历,这段经历促使她格外关注她的家庭的社会形象。

有些父母会像希拉一样,见不得孩子受一点苦。而有些经历过创伤的父母可能忽视孩子的痛苦,一味地告诉孩子"坚强起来",比如五十多岁的母亲玛德琳。她的父母在她遭遇情感危机的时候,比如出国工作、寄住在亲戚家、离婚等,并没有提供什么帮助。结果,玛德琳也无法与孩子的感受共情;因为与她的经历相比,孩子的问题似乎微不足道。

例如,有一次,玛德琳的女儿回家时心情不好,因为她没有在学校的演出中得到出演主角的机会,而她为此付出过很多努力。虽然女儿哭了,但玛德琳无法共情,她反驳道:"什么?你就为了这么点儿小事哭吗?你知道我遇到过什么事吗?我是决不会让这种小事打败自己的。你还是挺过去吧。"回到自己的房间,女儿哭得更厉害了,好几天没和母亲说话。

玛德琳把这件事告诉了我,她说:"我觉得我是在帮她克服困难,让她变得更坚强,不要被生活打垮。"

我解释说："你是在拿女儿的遭遇和你的经历作对比。虽然你小时候独自处理过那么多问题，但你的情感却没有得到很好的照顾，所以你体会不到脆弱的感觉。你要把自己的经验强加到女儿身上，但她不是你。你一方面努力确保她不会遇到你的问题，但另一方面却鄙视她所受到的磨难。因为你觉得那不算是磨难，但这并不意味着她也这样想。"

在指出玛德琳是在拿自己的经历和孩子的悲伤相比之后，我承认，玛德琳的出发点是好的，她希望把孩子塑造成坚强的人。但问题在于，我们必须从孩子的角度出发，而不是从我们对他们的期望出发，这样才对治疗有帮助。就好像老练的治疗师能够有效地帮助客户处理感情，而不是将自己的标准强加给他们。

我告诉玛德琳，她可以坐下来陪伴女儿，允许女儿表达自己的感受，然后逐渐引导她明白一个事实：我们并不总是能得到自己想要的东西。在对孩子的情绪表示理解的同时，教给她如何处理日常生活中不可避免的起起伏伏。

LEARN TO READ YOUR CHILD'S CUES
Chapter 13　学习阅读孩子的心情

父母有时候要像侦探一样，通过孩子的行为洞察他们心情的蛛丝马迹。

孩子总是通过其行为不断地告诉我们，他们的内心世界发生了什么。但是，如果我们不知道如何破译线索，就不会了解他们的所思所想，因此无法提供必要的指导与支持。

例如，一个十几岁的男孩拒绝洗澡，不收拾房间，在家里乱放东西。他的母亲看不出儿子行为背后的信息，只知道每天斥责他不修边幅。她觉得唯一的解决办法就是惩罚儿子。她先是拿走了他的手机，然后是电脑，接着是游戏机。因为这些办法都没有用，她又禁止他出门；但这样做只是增加了她的烦恼，因为儿子把家里搞得更乱。最后，她失去了控制，打了儿子一巴掌，尖叫道："我真后悔生了你！"此时，她意识到情况失去了控制，希望我能帮助她和儿子。

在治疗中，我向这位母亲解释，没有孩子真的想邋遢地住在猪圈里。在你把自己的意愿强加给小孩子之前，你会发现他们对自己的生活非常满意，他们为自己学会简笔画、穿衣服、系鞋带而自豪，因为得到了新玩具、新衣服或新鞋子而开心。如果孩子的行为无法体现这种自豪感，就说明他们的内心世界可能非常沮丧，而且这种感觉已经蔓延到了外部世界。

这位母亲开始看到，儿子的行为并非对她的反抗，只是意味着他内心的混乱。一旦她认识到这一点，就成了理解孩子痛苦的盟友。于是，她不再纠结于儿子是否打扫了房间。随着母亲将注意力从儿子的行为转移到帮助他提升自尊上，家又变成了孩子的安全港湾。母亲不再唠叨儿子没有做什么，而是花时间跟他待在一起，带他散步，与他共进午餐，甚至一起玩她向来不感兴趣的电子游戏。

慢慢地，这个男孩想通了困扰自己的问题。这种疗法帮助母子俩敞开心扉，不再互相伤害。由于儿子更加愿意分享自己的感受，他的消沉得到了改善。虽然治疗进行了将近一年，但他终于能够照顾自己，并且找到了全职工作。

虽然这种方法见效慢，但因为它顺其自然，没有强迫的成分，所以能够产生持久的效力。通过专注于孩子的内心世界，为他们营造安全的环境，我们做到了尊重每个孩子特有的成长智慧。父母有时候也要像侦探一样，通过孩子的行为洞察他们内心的蛛丝马迹。

不过，我得承认，由于儿童不会运用逻辑或者理性的观点来解释他们的感受，所以对于想要理解其行为背后含义的父母，是有一定挑战性的。我们大多数人甚至不知道自己的行为有什么含义，又怎么能理解他人的行为？

很多成年人都可能采用不正常的方式表达痛苦。例如，当我们觉得受到伤害，可能会去酒吧喝酒发泄，而不是采取诉说的方式。我们也可能通过出轨来表达对配偶的不满。然而，年幼的孩子既不会开车，也不能去酒吧，更不能揣着1000美元钻进赌场，那么他们该如何宣泄自己的情绪呢？

当感情受伤时，孩子也和成人一样觉得痛苦，但他们通常会翻个白眼、说些粗鲁的话，或者朝我们做鬼脸。随着痛苦程度的增加，他们会从事更冒险的行为，这就是你看到青少年吸毒、酗酒的原因。这些孩子实际上是在高声呼救，但却很少得到回应。如果家长能读懂孩子行为背后的潜台词，就会知道反常的举动是有原因的。孩子不会一夜之间就离家出走，一定是问题长期累积的结果。他们不断地通过反常的行为进行呼救，但却没有得到父母的关注。

了解孩子的感觉并非易事。家长们经常问我："如果孩子不停地朝我做鬼脸，我怎么会知道他当时的感觉？"他们如此专注于孩子做鬼脸的行为表象，而不曾考虑到背后的原因。我告诉他们，仅凭这些行为就判断孩子不尊敬父母是肤浅的结论。如果父母总是得出这样的结论，孩子的行为永远不会有所改善。

一位母亲反驳道："但当他伸出舌头，我是不是应该纠正他？这不是正常父母都会做的事吗？"

"你也许可以用纪律让他停止伸舌头，但是因为根本问题没有解决，你的孩子还会用另一种方式表达不满。在你真正解决问题之前，他的表达方式会不断变化。"

为了帮助这位母亲了解儿子行为的根源，我解释道："你是以自己的潜意识剧本为基础来和儿子互动的，但你意识不到这一点。你的剧本说，你的指示应该得到遵循，如果孩子没照做，你就认为他在挑衅。虽然你可以说这些指示并没有错，但事实上你儿子不接受它们，这就是矛盾所在。当你意识到你的剧本没有得到执行，就很可能对孩子生气。也许你不会明显地表示不满，但总会流露出失望的情绪。结果孩子敏感地察觉到了，他便开始反击，这更助长了你的挫折感。这种循环出现的原因是，你执意要按照自己的剧本来做。"

这位母亲惊讶地看着我。很显然，她听进去了我说的话。我继续说："再拿做家务来说，你越是惩罚你的儿子，他就越是抗拒做家务。停止这种疯狂的唯一方式就是了解你的儿子为什么不愿意听你的话。或许他认为，比起他来，你更关心家务。但这并不意味着他不需要做家务，只是说你必须重新与他产生联结，让他接受你，继而重视你对他的要求。他需要看到做家务对他是有意义的活动，而不仅仅是对你这个控制者有意义。帮助孩子认识到做家务的重要性是你的责任。"

很多父母认为，孩子的反常表现只是因为我们要求他们做一点家务事。这是可以理解的，因为我们没有意识到，孩子也许根本没注意到我们让他们做的是什么，他们在乎的是我们散发出来的能量。这件事发生在孩子的感觉层面上，与整理房间或打扫厨房等具体事务无关。

"那么，当他做出不尊重我的行为，我该怎么办？"这位母亲问。

"从现在开始，不再专注于他的反常行为，假装它们不存在。观察孩子是因为什么心情不好，为什么与你中断了沟通，深入挖掘令他痛苦的原因。只有这样，才能在内部伤害转化为外部的反常行为之前解决根本的问题。

"讽刺的是，"这位母亲说，"每次他对我无礼的时候，我都觉得自己像个受伤的孩子。"

"没错，"我同意，"每当我们的潜意识要求没有得到满足，就会变得像受伤的孩子。因为我们童年时代的创伤并未治愈，所以如果有人再次碰触这些伤口，我们就会爆发。孩子总是会这样激怒我们。"

> 我们对孩子发脾气，是由于我们自己的痛苦经历再次浮现出来。

我们对孩子发脾气，很多时候是由于我们自己的痛苦经历再次浮现出来。这类伤痛一般来自10岁之前，那时候我们很弱小，在很多事情上都感到失控和无奈。为了获得控制，成年后的我们不顾一切地想要避开脆弱的感觉，希望做到小时候做不到的事情。悲哀的是，我们把自己童年时的郁闷发泄到了错误的对象身上,没有将其归咎于自己的父母,却把孩子当成出气筒。这也是相同的行为模式连续发生在几代人身上的原因。

只有发掘和面对我们童年时代残留的伤痛,才能辨别孩子的真实感受,找出明智的应对方式,尊重他们的感情。

WHAT IT MEANS TO HONOR YOUR CHILD

Chapter 14   尊重孩子意味着什么？

父母需要尊重孩子的情感,考虑他们的需求,为他们创造表达真情实感的自由空间。

当我们踏上育儿的征程，就要理解与孩子的感受发生联结的重要性。这意味着我们需要尊重他们的情感，考虑他们的需求，为他们创造表达真情实感的自由空间，避免独裁和控制。

首先要明白的是，情感影响了人所有的行为。正如我们已经看到的，行为是情感的一种外在表达方式。因此，如果我们希望看到孩子的行为变化，就要先了解他们的情感。需要掌握的经验法则是，所有的负面行为都是情感受伤的体现。

家长往往误认为，我在要求他们屈从于孩子的感受，导致放任纵容孩子。其实，尊重孩子的情感，并不意味着我们要屈服于他们的意愿，也不是简单地表示同意或不同意。每当我们按照自己潜意识的标准来衡量孩子的行为时，就会蛮横地否认孩子的独特性，继而伤害他们。

> 每当我们按照自己潜意识的标准来衡量孩子的行为时，就会蛮横地否认孩子的独特性，继而伤害他们。

尊重孩子的情感是指重视他们的全面发展，并非顺从他们某一时刻的突发奇想。为了辨别你是否真正尊重孩子的情感，不妨问自己：现在，我需要为孩子做什么才能让他茁壮成长？我的孩子需要我说"是"还是"不"？怎么做才能培养孩子的自我意识和自我调节能力？

我们必须有能力分辨自己和孩子的情感包袱，凭直觉感受孩子的需要。这样的鉴别力几乎与侦探的水平相当，但只有这样才能发现孩子的真实感受。正如我们要找出驱使孩子做出反常行为的情感一样，我们也要明白自己的真实感受。

我曾经与一位叫做米歇尔的客户对话，她是3个孩子的母亲。米歇尔的例子说明，只要我们稍作挖掘，就能区分我们自己的感觉和孩子的需求。米歇尔是一位大学物理教授，她熟悉逻辑，富有理性。因此，孩子的混乱状态常常令她觉得迷惑。在治疗过程中，米歇尔表示，她和大女儿的关系很紧张。

"她违反我的所有规定，"她抱怨道，"这让我束手无策。她喜怒无常、桀骜不驯，公然违抗我，我感觉自己很想扇她巴掌。"

"这不是一种感觉。"我插嘴。

米歇尔看上去很震惊。

"她让你有什么感觉？"我问道。

米歇尔立刻回答："我觉得想尖叫。"

"这也不是感觉，而是你的情绪反应。你想尖叫，是因为她让你出现了某种感觉，那是什么感觉？"

百思不得其解的米歇尔沉默了片刻，然后用柔和的语气说："我真的感觉很无奈。"

"是的，"我说，"现在你找到了自己反应的根源。她的行为让你觉得你有几岁？"

"大约3岁。"

"当你的女儿不尊重你的时候,你3岁的自我就被激活了。"

"是的。那时我的感觉太可怕了,现在我想把这种恐惧传递给她。"

"回馈是我们最常用的养育策略。"我说,"当然,她不尊重你的原因是,她觉得你对她态度恶劣。"

米歇尔在3岁时的遭遇影响了她与女儿的关系,阻碍了她看清女儿需求的能力。因此,她无意中助长了自己与女儿的冲突。当米歇尔知道她过去的痛苦是如何重现的,才意识到自己的任务是双重的:首先,停止纠正女儿的表面行为;然后,倾听隐藏在这种行为背后的呼救。

换言之,从表面上看,孩子试图将我们从他们的生活中排除,藐视我们,操纵我们;而实际上他们发出的信号是他们需要我们。如果我们不听从他们内心的召唤,等他们长大后,很可能会自暴自弃,或者将这种痛苦转移到他们的孩子身上。

家长尊重孩子感受的唯一方法是首先尊重自己的感受。只有摆脱了自己的情感困扰,才能走进孩子的情感世界。我们要重视孩子的情感成长,拒绝专制和放任。要开始看到,抚养孩子并不是一种战略或者技术,而在于日常生活中对孩子本真的尊重,通过其行为了解其感受,不断地切合孩子的自然节奏。

我记得,每当我要求辅导女儿的家庭作业,她都会立刻说:"我都会做,妈妈,真的。请别打扰我。"我的第一反应是愤怒,认为她真是没礼貌!我想帮她完成功课,她却赶我走。每天晚上她做作业的时候,都会出现这样的争执。我会对丈夫抱怨:"你看她是怎么跟我说话的?我真不明白这是为什么。"

就是在那时,我也才意识到,我必须改变解读女儿行为的模式,这样才能改善现状。我不再将她的粗鲁视为问题,而试图发现她想告诉我的信息。我在她的反应中扮演了什么角色呢?我发现,女儿是在表达她的真实感受,因为她觉得我干涉了她。被控制欲驱使的我想要掌控她的家庭作业的每一个细节，这根本不是她需要的。相反，她需要的是空间、自主性和我的信任。

鉴于这种认识和领悟，我不再认为自己是无辜的。我得承认自己才是粗鲁无礼的那一方，是我干涉了女儿的自由，用我的潜意识剧本侵犯了她的空间。意识到这一点之后，只有当她寻求帮助的时候，我才参与她的功课。结果，她不再表现得无礼，家庭恢复了平静，我也可以自由地做自己的事情。

尊重孩子，意味着把他们视为真正的人，就像我们希望别人把我们作为真正的人来对待那样。当然，有的时候，育儿过程中会出现一些灰色地带，比如孩子和父母对同一个问题抱有各自的看法。答案并不是非黑即白，父母要善于处理这种性质并不绝对的问题，处理的效果取决于我们对自己和孩子的感受的尊重程度。

我们要分辨真实感受和情绪反应之间的区别，它们有很大的不同。感受来自内心，而情绪反应是我们以往潜意识模式的条件反射。在大多数情况下，我们都处于条件反射模式，所以我们的情绪会同时影响孩子和我们自己的真实感受。这也是我们为什么和孩子之间产生那么多问题的原因。

> 尊重孩子的感受，是有效育儿的基本原则，因为它是亲子沟通的基础。

尊重孩子的感受，是有效育儿的基本原则，因为它是亲子沟通的基础。如果孩子觉得无法与我们沟通，那么我们的存在就会制造紧张气氛。他们不会把我们视为伙伴，也感觉不到我们是以盟友的身份走进他们的世界。对他们来说，我们仿佛与他们身处两极，他们体验不到与我们任何有意义的联系。此时，如果我们要求他们做什么事，孩子就会觉得这是来自教官的命令，甚至敌人的逼迫。所以，他们要么忽略我们的指示，要么进行反击。如果我们报以惩罚，只会使孩子更加觉得我们是他们的对手，增加对我们的敌意。

IS WHAT YOU ARE ASKING FAIR?
Chapter 15　你的要求公平吗？

当孩子表现出种种幼稚的行为时,父母无需将其当成问题对待。幽默感是化解一切的良药,没有什么比欢笑更能打破紧张和冲突了。

我的一位客户有天晚上十点半离开7岁的儿子出门，当时保姆睡在另一个房间里。出门前，她告诉儿子，半个小时之后就关掉电视睡觉。但当她两个小时后回到家，发现儿子还在看电视。"你怎么回事？"她喊道，"你不听我的话，下个星期不许看电视了。"不知所措的孩子哭着说："我忘记了时间，我不知道30分钟已经过去了。"

　　由于母亲是从成人的角度看问题的，所以她以为孩子在撒谎：怎么会有人忘记这样一条简单的指令？得知自己在未来7天都不能看电视，孩子哭着睡觉去了。母亲认为她所做的是对的，这是她的责任——通过剥夺孩子喜欢的事物来管教他。她觉得，一周不看电视会让儿子尊重她设立的规则，却没想到这样根本没有效果。

　　这位母亲没有意识到，她对孩子的要求超出了他的能力，因为7岁的儿童大多无法成功管理自己的时间。如果这位母亲明白这点，就会采取一些措施来确保孩子遵守时间，如设置闹钟或者打电话提醒儿子，而不是脱离现实地要求他成熟和负责。她将儿子的反应错误地归类为"挑衅"，然而孩子只是表现出7岁儿童的普遍特点——缺乏时间观念。

所以，母亲的做法不仅没有教会儿子遵守规则，而且令他觉得困惑和耻辱，影响了母子关系。更糟糕的是，他认为自己缺乏能力，辜负了母亲的要求；然而，以他的年龄并不应该承担这样的责任。孩子当时可能忘记了关掉电视，但多年以后，他不会忘记的是母亲的愤怒，她的行为在孩子身上打上了情感的印记。

年龄适当性同样是有效育儿的基石。我们可能会把孩子放置到他们还没有成熟到足以应付的情境之中。

> 年龄适当性是有效育儿的基石。我们可能会把孩子放置到他们还没有成熟到足以应付的情境之中。

比如，一位客户3岁的女儿在超市里闹脾气，父母无法让她平静下来，就威胁说要打她。孩子继续尖叫，父母就把她推到洗手间里惩罚她。在治疗中，这位母亲向我感叹："该死。为什么她总是在我最忙碌的时候出问题？比如买东西的时候。"当然，人在买东西的时候可能很紧张，缺乏耐心和同理心。

我解释说，孩子可能因为各种原因发脾气，了解原因很重要。孩子是不是累了、饿了、心烦了，或者需要什么东西？无论是什么原因，她并非有意为难母亲。而母亲却常常觉得孩子是故意的。所有孩子都可能因为不在他们自己控制范围内的事情受罚。这位母亲不应该惩罚孩子，而应该专注于孩子的需求，毕竟成年人比3岁的小孩具有大得多的灵活性。在这种情况下，不要试图和孩子讲道理，更不要惩罚，不妨带着她离开超市，因为这是一种自然的后果。在孩子尖叫着要玩具或糖果的时候，你也可以这样做。想要东西并没有错，没有惩罚的必要。

家长需要了解，幼儿的情感冲动本质上是不可预测的。他们的大脑缺乏调节冲动的能力，不足以应对商店这种环境给予他们的刺激。很多一两岁的孩子，因为伸手研究商店货架上的东西而被父母打骂后，就会封锁自己的好奇心。对于他们来说，琳琅满目的商品正在邀请他们探索这个世界。如果我们扼杀了他们的求知欲，就不应该奇怪孩子为什么不喜欢上学和写作业。

一天晚上九点左右，我和一个朋友在一家中餐馆吃饭。我们桌子对面的一个小孩子突然大哭起来。因为没法让孩子安静下来，他的母亲很焦急。孩子的外祖父母在一旁催促她："带他去厕所，打他一顿，让他知道谁说了算。"此时，我的朋友走过去，建议那位母亲把孩子带到隔壁的超市去，抱着孩子在过道里来回走动，以轻松的方式安抚他。那位母亲同意了。当我们离开餐馆时，孩子已经在母亲的怀里睡着了。

那天晚上，那位母亲和她的父母相处的宝贵时间被缩短了。但家有幼儿的人，对这种情况要有所预见。虽然我们与父母共进晚餐的计划可能被孩子打断，但一定要先考虑孩子的需要。遇到这种情况，不妨趁着孩子对食物和玩耍感兴趣，早点到餐馆去，而晚上九点正是孩子感到困倦的时间。

有时计划得再好，也难免出现突发状况。为情况所限，我们没法简单地离开。如果安抚、娱乐、喂食、分散注意力等方法都不管用，那么我们没有选择，只能忍受孩子的哭声。以乘坐飞机为例，家长一定要善意地回应孩子的要求。因为一旦惩罚他们，孩子的激烈反应会导致其他乘客的不满。

遇到涉及年龄适当性的情况，家长一般需要承担更多责任，而不应苛求孩子。当孩子渐渐地长大，他们可以与父母形成合作关系，为自己的行为承担一定的责任。但在到达一定的年龄之前，孩子的行为必然显得幼稚，他们还没有能力承担责任，因此我们不该为难他们。

当小孩子表现出种种幼稚的行为时，家长无需将其当成问题对待。幽默感是化解一切的良药，没有什么比欢笑更能打破紧张和冲突了。因此，只要有可能，我就会把幽默注入到育儿的过程中。

如果玛雅心情不好，朝我发火的话，我就唱歌："巴克女士在家里，巴克女士在家里。"她就会被逗得笑起来。同样，如果我不小心冲着玛雅喊叫，我会打趣地说："天哪，我真能吆喝，不是吗？我猜我的嗓门比你大，来吧，看看谁的声音更大。"然后我们就展开吆喝比赛，最后我甚至会忘记一开始为什么要冲她喊叫。

如果我们能够以丰富包容的状态投入育儿的过程，而不是处处严苛，就会创造出一种舒适轻松的氛围，同时弥补自己的不足之处。这也是我们教给孩子的重要一课，他们会明白，不成熟并没有关系，继而接纳自己的不足。以这种举重若轻的方式对待孩子不成熟的行为，有助于减轻他们的焦虑感。成长中的孩子会意识到，自己目前的发展水平与年龄相符，不会再为自己做不到而感到羞愧。我们也需要针对孩子的年龄段制定不同的标准，不能苛求小男孩和小女孩成为"小绅士和小淑女"。

接受年龄的适当性，对孩子的成长有意想不到的好处。当孩子长成青少年，如果发现自己的某个好友突然成为别人最好的朋友，或者与某人坠入爱河却没能发展下去，他们会意识到，这些都是青春期发生的再正常不过的事情，并不代表世界末日来了。换言之，父母应该充分认识到，不同年龄的孩子会有不同的典型行为。同时我们也要让孩子知道，作为青少年，他们有能力忍受失去朋友、失恋或者考砸的痛苦；到了合适的时间，他们的爱情和事业都将会以最适合他们的方式降临。

HOW TO STAY SANE AS YOUR CHILD GOES THROUGH PHASES
Chapter 16　在孩子的过渡阶段保持理智

OUT OF CONTROL

在孩子成长中的过渡期,父母不应给孩子贴上"好"或"坏"的标签,而应该安抚他们,带领他们安然走过生活的高峰和低谷。

在育儿过程中，父母都难免经历孩子成长阶段中的过渡期。在此期间，我们时常遭遇各种动荡不安。为了照顾孩子，父母可能精疲力竭，但不能因此惩罚孩子，因为这是自然现象。如果我们能够正视它们，明白这些并不代表孩子"不好"，就能够容忍这些特殊阶段给我们带来的焦虑和挫折。在过渡期，父母不应压制孩子，不应给他们贴上"好"或"坏"的标签，而应该以孩子为中心，安抚他们，只有这样才能带领孩子安然走过生活的高峰和低谷。

拿睡觉来说。婴幼儿很容易入睡，他们很少躺在床上抱怨"睡不着"。疲劳的时候，孩子也很容易入睡，这很自然。但当孩子到了特定年龄段，晚上可能会尿床、梦游、做恶梦。此时，父母就需要容忍，一定要有耐心。当孩子长大一些，我们需要了解一些实用的常识，比如电视或者电脑的灯光会干扰孩子的睡眠等。因此，我们应该避免睡前过度刺激他们，帮助他们养成自然的睡眠节律。通过这些方法，我们就能帮助孩子顺利度过过渡期，而不会给他们造成心理伤害。

父母要学会忍受孩子身上出现的与睡眠、食品、分数等有关的各种不适，给孩子足够的空间自己处理这些问题。孩子天生懂得随机应变，他们需要我们的引导，而不是操纵。如果我们横加干涉，孩子非但永远学不会自我调节，可能还会以欺骗的形式反过来操纵我们，甚至吸毒和酗酒，或者变得对任何事情都漠不关心。

> 孩子天生懂得随机应变，他们需要我们的引导，而不是操纵。

我亲眼见过那种由父母施加的破坏性影响——用纪律扭曲了孩子自然发展的过程。

一对无计可施的夫妇来找我，他们已经好几个月没睡好觉了，因为两岁的儿子晚上总跑到他们床上去。后来他们到了无法忍受的程度，先是把儿子锁在他的房间里，让他一连几个小时地嚎叫。意识到这样不管用，他们采取了更为极端的措施：把穿着睡衣的儿子锁在屋外。我想强调的是，他们都不是坏人，只是考虑问题比较轻率的父母。

我向他们指出，拒绝在自己的床上睡觉，说明孩子需要与父母更多地沟通或者更大的自主权。我了解到，这对父母的潜意识剧本植根于他们自己的焦虑，导致他们在如何对待儿子上变得非常矛盾。白天，他们过分保护儿子，关注他的一举一动，使孩子对他们过度依赖；到了晚上，他们又不允许因为与父母分离而感到焦虑的孩子到他们的床上睡觉。这种白天和黑夜的反差触发了孩子的恐慌。

在明白孩子是通过他的行为与父母沟通之后，我们制定了一个让家长逐渐放手的计划。这份计划影响到孩子生活的各个方面，包括培养孩子正常地独自睡眠的能力。在实施期间，父母要耐心地等待，处理不可避免的问题，才能使计划逐步生效。

我得再次强调，这些都不是父母想象中的纪律问题，而是他们潜意识中与孩子相处方式导致的功能障碍。只有给孩子更大的自主权，他才能独立。有的时候，孩子的需要可能刚好相反：加深与父母的联系，得到更多的情感关怀，而不是更大的自主权。他们还可能用哭泣的方式唤起父母的注意。所以，父母要加以分辨。

有的家长不喜欢孩子跑到他们的床上，有的家长在孩子很大的时候还允许他在他们的床上睡觉。年龄上已经可以独自睡觉的孩子，如果还是睡在父母的床上，就说明父母在妨碍孩子的正常发展。这是不健康的，不利于孩子走向自主。出现这种情况是因为父母潜意识里想要孩子依赖他们。父母不知道自己存在尚未满足的需求，所以利用孩子来缓解自己内心的渴望。

家长与孩子本质上的统一性与亲子关系初始阶段的共生性不同。如果混淆了两者的区别，共生性就会超越统一性，对孩子的成长造成不利的影响。

共生是一种状态，孩子在其中是完全依赖于家长的，家长似乎是孩子的一部分。共生关系开始时是必要的，因为婴幼儿的需求得到满足的唯一途径是通过父母。在孩子人生的早期，这样做是恰当的，但父母必须以适当的节奏鼓励孩子逐渐形成自己独特的身份。如果共生关系持续时间过长，孩子就无法发展自我独立意识，以至于成年后仍然依赖着父母。这就妨碍了他们在成人世界独立行为的能力。

请注意，我说的是家长需要"鼓励"孩子形成自己的身份，而不是强迫。我们常常要么仓促地逼迫孩子发展自我，要么阻碍他们发展的愿望。所以，尊重时间规律是关键。这个过程不是线性的，并非一条倾斜向上的直线，在逐渐成为习惯之前，它会有所反弹。正常的孩子会变得越来越独立，并在适当的时候结束共生关系。遗憾的是，太多父母出于自己的需要阻挠孩子走向独立的过程。他们纠结于孩子的行为、分数、爱好、穿着习惯等，事无巨细地控制孩子的方方面面。

对他人的控制欲来自共生关系中的一个错误观点。我们认为被控制者是我们的一部分，所以觉得他们应该像我们一样。当我们成熟地走出共生关系后，就需要接受统一性。它让我们看到，别人与我们是相似的个体，所以他们理应像我们一样走自己的路，活出真正的自我。

我相信，没能把握好统一性，同时抓住共生性不放，是整个世界分裂的根源。结果，我们很早就被一种错误的教育观念指引着开始相互敌视。本应自由成长的孩子受到约束和压抑，原本渴望体验统一性的孩子却由于对父母过度依赖而感到被遗弃。要想扭转局面，关键在于恰当地对待独立性和一致性，尽可能地在两者之间取得平衡，毕竟没有人能够做到完美。

与孩子的发展相协调，并不意味着我们要依据发展图表，或者通过与别的孩子比较来判断孩子是否足以应对各种事情。我们需要密切关注孩子的成长情况，这就可以告诉我们应在何时引导他们，何时让他们承担更多的责任。

以8岁的莎莉和她的母亲苏茜为例。莎莉每天傍晚都期待着能和朋友一起玩，但到了回家做作业的时间，她总会和母亲闹矛盾。苏茜认为莎莉蔑视规则。但在治疗过程中，她意识到莎莉在过渡期遇到了困难，她不守规矩并非出于恶意，而是因为缺乏转换状态的技能。为了解决这个问题，我建议使用角色扮演的方法。每次治疗时，我们都扮演不同的角色，反复练习如何从玩耍转换到学习状态。经过大约四次治疗，莎莉开始慢慢适应这种转换。

在自然状态下的孩子愿意做自己，他们每时每刻都会表现出自己的本色。父母不能把这种自然状态定义为是否"守规矩"，因为这是生而为人最基本的表现。与此同时，父母有责任根据孩子的情况赋予他们更多的独立性和责任感，按照其天性巧妙地引导他们。

TRICKING CHILDREN IS TRICKY BUSINESS

Chapter 17　哄骗孩子并不容易

孩子知道自己的心，父母需要做的是鼓励他们跟从内心的声音。

父母总是认为孩子有责任作出改变，但却很少站在孩子的角度考虑问题。很多家长会使用瞒骗的方式操纵孩子，说得严重一点就是"欺诈"，即通过胁迫使对方屈服于我们意志的一种方式。有多少人真的相信操纵和胁迫是健康的教育策略？它们只是愚弄孩子的形式。各种研究多次表明，操纵和胁迫对孩子自我的健康发展危害巨大，凭借哄骗和恐吓是无法让孩子真正顺从父母的要求的。

出于这个原因，我对那些让孩子顺从的策略从不感兴趣。书店和图书馆里有很多这方面的书籍，教给父母让孩子听话的方法；一些方法明显带有操纵的成分，其重点是控制孩子的行为。然而，我们真正需要做的是理解孩子，帮助他们成为能够自我调节、自我提高和自主的人。

你可能会争辩，父母一直以来都在操纵孩子。比如，我们催促他们做功课，提醒他们穿暖和的衣服，告诉他们吃健康的蔬菜，带领他们去礼拜堂等，很少有孩子会主动去做这些事情。因此，用纪律管束孩子又有什么不正常的呢？的确，所有这些在一定程度上都是某种形式的操纵，所以孩子经常不买我们的账，一有机会就我行我素。

很多孩子在进入高中后失去了原来的兴趣爱好,因为大人和学校用应试教育扼杀了他们的好奇心,使他们专注于和同学比较分数。追求分数成了一种强迫性的全民运动。这是一个可悲的现象,除非整个社会特别是教育系统有所变化,才会出现改观。只有足够多的人意识到我们对孩子操纵到了何种程度,才能催生变化。与此同时,身为家长,我们需要面对现实,竭尽所能地避免干预孩子,鼓励他们自主决定,创造亲子间的对话机会,允许他们提出不同意见。也许有的家长会提出反对,因为他们觉得没有时间进行这样的对话,或者根本不知道该如何为孩子创造自由发展的空间。

我想要阐明的是,当我说孩子需要"接受"某种行为时,并不意味着我们要说服他们明白这种行为的好处。因为孩子会自然地分辨各种行为,最终选择让自己有共鸣的行为。举例来说,我们是否需要说服孩子玩他们喜欢玩的游戏呢?是否需要逼孩子吃他们喜欢吃的东西呢?如果一个女孩最喜欢和朋友出去玩,家长还用说服她这样做吗?孩子会自发地被符合其自我存在的东西吸引。所以,幼儿园和小学一年级的孩子往往喜欢上学,除非他们不愿意和父母分开,或者受到了社会的逼迫。为什么呢?因为这个年龄段的孩子正处于求知欲爆发的时期,学习对他们而言是欢乐的体验。如果我们的孩子拒绝去教堂、犹太礼拜堂或者其他寺庙,是因为他们随着成长,不再接受父母强加的观念,宁愿自行探寻信仰。

如果孩子不听从安排,父母就倾向于操纵他们。以11岁的克里斯为例,他终于进入了游泳队,父母都为他感到骄傲。然而,克里斯并不情愿加入,他讨厌早起参加训练。尽管他喜欢游泳,但他厌恶游泳比赛的竞争和压力。不同于克里斯,他的父亲戴夫喜欢竞争。由于戴夫一直是游泳比赛中的活跃分子,所以也希望儿子能在这项运动中大显身手。儿子的抗拒使他觉得不可思议,他不断试图激励克里斯参加竞争，不惜软硬兼施。

克里斯很清楚如何利用父亲的期望来提要求，他因此得到了最新的 iPad 和 15 个 X-Box 游戏。由此，他认为抗拒游泳是有利可图的，于是继续抵抗。结果，戴夫禁止他在周末和朋友们玩，这引发了克里斯的不满。为了补偿儿子，戴夫给他买来更多的东西。这就形成了一种不正常的循环，父子间的冲突丝毫没有解决，反而增加了彼此的痛苦。

戴维的教养方式并不鲜见，这也是很多家长用来激励孩子的方法，而且他们认为自己为孩子作出了牺牲。戴夫想把儿子培养成游泳运动员，但他给儿子创造的理想化形象完全是基于自己的幻想，不符合克里斯的实际性格。这也许是父母落入的最常见的陷阱之一。我们往往迷恋于自己给孩子创造的形象，但它与孩子的真实自我关联很少，甚至完全相反。爱我们的孩子，就要无条件地尊重他们的自我，摒弃我们潜意识里的幻想，把握孩子当下的需求。

如果戴夫能够尊重儿子的真实需求，就会意识到克里斯本性并不热衷于竞争性的运动。这种简单的接受就足以减少克里斯对游泳比赛的抗拒。如果戴夫试图迫使克里斯否认自己的真实感受，就会引起儿子的反感，继而激化双方的矛盾。

关键是要认识到，即使是看似温柔的战术，只要它的目的是促使孩子遵从我们的愿望，也是不可取的。"如果你不听话，圣诞老人就不会送你芭比娃娃。"一位母亲告诉 6 岁的女儿。"如果你不自己上床睡觉，就不能看动画片。"一位父亲威胁 4 岁的儿子。"如果你在生物考试中得到 A，我就给你买一辆你一直想要的新自行车。"家长这样激励 15 岁的孩子。这些方法的本质都是操纵。所以，孩子不愿意听从我们的意见，不按时睡觉，不在学校里好好表现，也没有明确的人生目标……

如果我们刻意地强迫孩子，他们就不会再按照本性的需要去做适当的事。他们会用按时睡觉来换取看动画片的机会，而不是为了保证充足的睡眠；他们会为了得到奖励好好学习，提高成绩，而不是为了满足自己的求知欲。他们会意识到，为了实现上述目的，我们不惜付出各种代价。他们会感觉到这些东西对家长来说有多重要。这只会削弱孩子的天性，妨碍他们以自己独特的方式蓬勃发展。

这自然带来了父母们最为关心的一个问题：何时该去督促孩子，何时不去干涉？界限在哪里？

我想举一个我女儿的例子。玛雅学习芭蕾两年了。后来，她最喜欢的老师离开了，新来的老师非常严苛。几个星期后，我注意到玛雅对芭蕾课失去了热情，开始找借口不去上课。

我意识到她在逃避，就问道："你为什么不喜欢芭蕾了呢？"

"因为老师给我们打分，"她抱怨说，"上一次我才得了两分，满分是十分。我讨厌这样，我不想再跳芭蕾了。"

又上了几节课后，她拒绝再去上课。我觉得进退两难，不知道是该逼她继续上课，还是尊重她的选择？但我知道，当务之急是让玛雅知道我尊重她的意见，而且她有权自行作决定。

起初，我没有采取任何行动，只是耐心地等待与她对话的时机。

"玛雅，我知道你不高兴，希望停止芭蕾课。"我说，"我也知道你非常擅长芭蕾，你喜欢跟着上一个老师学习，如果换个老师怎么样？"

玛雅斩钉截铁地回答："不，我不想再跳芭蕾了，就是这样。为什么你就不能接受呢？"

"我的确不能，因为我不希望鼓励你一遇到困难就退缩。因为做什么事都不容易，有时候我们必须挺过艰难的时刻。"

如前所述，我们经常认为孩子无法处理很多问题，这促使我们以自己的方式保护他们不受生活中出现的各种混乱和限制的影响。通过这种方式，我们剥夺了他们的应变能力，让他们觉得自己无法胜任。然而，我们必须辨别孩子是在逃避问题还是真的考虑清楚了。

"我不是退缩，"玛雅说，"我已经学了两年芭蕾，它不适合我。你看，我已经学了三年的体操和钢琴，但我真的不喜欢芭蕾。"

我发现她说的是真心话。我知道自己别无选择，她已经清楚地表明了她的感觉；现在更重要的是让她明白，她的生活掌握在自己手中，特别是在面对各种选择的时候。所以，我赞扬了她对自己的了解，指出这是她最宝贵的品质之一。这样一来，玛雅学会了信任自己内心的声音。

虽然我的控制欲已经被这件事激发了，但我能够把它放到一边，看清女儿内心的需求。无论她选择怎样的运动或活动，都不会影响我的幸福感；而且，我十分理解她目前的处境，明白新老师已经把有趣的芭蕾学习变成了枯燥的竞争。

于是，我看着玛雅的眼睛说："我完全理解你，我看到你是如何跟从自己内心的声音的，你依据对你真正重要的东西作出改变。你不是知难而退，而是郑重地作出自己的决定，我支持你对待兴趣的处理方式。"这让玛雅意识到她的想法是重要的，避免了不必要的冲突，而且给了我与她沟通以及肯定她的机会。

请注意，我对玛雅的支持不是随便决定的，而是基于我们的沟通。在类似的事情上并没有千篇一律的处理方式，我们要根据实际情况作出判断，对孩子负责，帮助他们发现真实而独特的自我。孩子知道自己的心，我们需要做的是鼓励他们跟从内心的声音。

WHAT TO DO WHEN YOUR CHILD SHUTS YOU OUT
Chapter 18 当孩子疏远你的时候

青春期的孩子并不是怪物,真正的怪兽是堆积如山的没有得到满足的需求。

"坐下来和我聊聊吧，你从来不和我谈心。"坦尼亚的母亲觉得自己被孩子孤立了。

"这有什么意义呢？你从来不听，而且我说的你也听不懂。"16岁的塔尼亚翻着白眼走到一边。

"不要对我翻白眼，小姐。"她母亲大声说，"你竟敢和我顶嘴！"

坦尼亚和她的母亲进入了对峙状态。这位母亲根据女儿表面的行为作出反应，结果加剧了母女之间的裂痕。

我见过很多这种对峙，没有人比十几岁的孩子更容易激怒我们。我怀疑世界上的每个父母都会这样想，并且对此束手无策。一方面，家长要鼓励青少年独立自主；另一方面，青少年表面上的缺乏尊重却让父母想更多地控制孩子。家长既想和孩子沟通，又在无意中把他们推得更远，形成某种恶性循环。无论是家长还是青少年，都深受其害。

孩子的青少年时代或许是最令父母头疼的阶段，尤其是对那些习惯于控制和支配孩子的家长而言。因为孩子拒绝屈从于他们的意志，这令他们感到震惊和沮丧。很多家长为此严厉地惩罚孩子，但这却是最糟糕的回应方式。与之相反，家长需要根据孩子的成熟度赋予其自主权,与他们充分地沟通。

在坦尼亚的例子里,她的行为可能出于多种原因,也许她不喜欢被母亲控制,需要更多的自主权;也许母亲的期望与她的意愿不符,抑或是她母亲根本不了解她。如果一个十几岁的女孩称母亲为白痴,而她的母亲把这句话当真,就很可能会以"粗鲁无礼"为由惩罚她,从而切断与孩子的沟通渠道。母亲应该明白,女儿口中的"白痴"与她的智商无关,而是在向她传达一个信息:"你不理解我。"

家长无需纠结于孩子话语的表面意义,因为这往往是青少年的无心之语。不妨坦率地告诉孩子:"你这么说让我很伤心,但是我愿意弄明白你这样说的真实意图。"然后,家长需要耐心倾听孩子的意见,观察其言语背后的含义。也许在多次与家长顶嘴后,孩子才终于能够说出他们的心声。如果我们选择谴责和惩罚,就会不可避免地削弱沟通,甚至彻底关闭沟通之门。

> 如果我们选择谴责和惩罚,就会不可避免地削弱沟通,甚至彻底关闭沟通之门。

我们不明白孩子为什么如此冷漠,和我们如此疏远。我曾经问过一些青少年为什么不和父母谈心,他们通常会回答:"他们只会批评我。"他们的意思是,父母总是把自己的意愿强加在他们身上,不尊重他们的看法。

一次创造性的对话,其目的是让孩子在父母的指导下满足自己的需求,进而培养孩子自我调节和情绪管理的能力,使得他们的行为自然地符合自身的最佳利益。这就要求我们必须创造一个安全的空间,让孩子与我们分享他们的问题,使我们能够创造性地制定符合他们要求的标准。"安全"意味着孩子可以说他们想说的话,坦诚地交流,无需被评判、训斥或惩罚。

值得注意的是,孩子行为的原因可能与我们想象得大相径庭。以迈克和他的儿子彼得为例。

一天晚上,迈克对儿子说:"做完作业才能玩电脑。"彼得无视父亲的指示,打开了电脑。

迈克尽量冷静地说:"我告诉你做你的功课,我不会再重复一遍了。"但彼得继续玩电脑。

迈克闯进了儿子的房间警告他:"你怎么敢不理我?如果你继续这样,我就不许你明天带着宠物小精灵的卡片去学校。"

第二天,迈克发现彼得违抗自己的命令,带着卡片去上学了。当彼得从学校返回,迈克尔失去冷静,他打了儿子,并且禁止他出门。

在治疗中,彼得对我说:"我觉得数学作业非常难,所以不喜欢,我不敢告诉爸爸,因为他会骂我。我必须带着卡片上学,因为我朋友们都带着;如果我不带,他们不会和我玩。"

当我把彼得的话转告迈克,迈克说:"我太固执于让他听话了,根本不知道他的真实感受。如果我知道,我一定会帮助他做数学作业,也不会禁止他带着宠物小精灵的卡片上学。"

由此可见,一旦我们了解了孩子的想法,就会觉得惩罚是没有必要的。迈克惩罚彼得是因为儿子不听话,他觉得很无奈,这种无奈的感觉助长了他的愤怒。如果父亲知道儿子的行为反映的是深层的情感需要的话,他就会采取不同的处理方式。

每当我们发现自己重蹈覆辙,陷入与孩子的恶性互动时,就说明我们正在做的事情是无效的。如果能够经常提醒自己,我们就不会重复这种周期性的行为。然而,我们常常拒绝承认自己的做法不正确,总以为是孩子"不明白",或者自己的惩罚力度还不够。除非我们搞清楚方法不奏效的真正原因，否则我们总会对孩子生气发火，甚至变得疯狂。

让我们回到迈克和彼得的故事。迈克过去一直采取类似的方式对待彼得出现的问题，得到的也总是相同的结果——与儿子冲突频繁。他从来没想到自己的策略可能存在致命的缺陷。如果他意识到彼得只有一个需要——能够安全地表达自己的真实感受，那么这些冲突就不会发生了。

如果孩子没有安全感，就无法说出自己的真实想法。这可能导致两个结果：一是他们埋葬自己的真实感受，因为它不可能被接受，甚至连说出来都不安全；二是他们会用反常的行为表达自己的感受。由于我们不了解他们的想法，他们也会无视我们的感觉。这是众多父母和孩子无法交流的根源。

许多父母会在晚上问孩子："今天在学校过得怎么样？"

孩子则漫不经心地回答："不错。我今晚能去看电影吗？"

亲子交流根本没有实现。有些儿童心理学家和育儿书会告诉你，这是正常现象，青少年经常以这种方式疏远父母。然而，事实并非如此。

成为我们自己并不意味着将别人隔绝在外。忠于自己的同时也要具有紧密联结别人的能力。在我们发展的每一个阶段，在忠于自己的同时，我们还要享受有意义的人际关系，崇尚开放和分享，而不是自我封闭。当然，孩子的成长需要隐私，需要创建与父母无关的独立关系，但这并不意味着与父母和兄弟姐妹联结的削弱。

传统的父母历来期望了解孩子的每一件事。孩子小的时候，这是必要的。但随着孩子的成长，要有一个循序渐进的"断奶"过程，我们要信任孩子能驾驭自己的生活。如果我们遵循这个自然过程，孩子就愿意适当地与我们分享他们的生活，而不会觉得我们侵犯了他们的隐私；也不会觉得我们对他们缺乏情感支持，并不真正关心他们。

曾经有一个12岁的女孩，坐在我面前恐惧地发抖。她的父母带她来治疗，因为她一直隐瞒自己的成绩。她的父母担心她还隐瞒了更多的东西。女孩拒绝在父母面前讲出隐瞒成绩的原因，于是我请这对父母暂时回避。等父母走开后，女孩瞬间放松下来，擦干眼泪说道："我实在不敢告诉父母我怕他们。对他们而言，分数比我的幸福更重要。每次我考得不好，他们就变得很沮丧，而我就想逃跑。除此之外，我真不知道该怎么办。"

我告诉她的父母，他们的女儿自我隔绝的原因是她没有安全感，不敢对他们倾诉。我解释说，在孩子的青少年时期，父母要从中心舞台退出变成配角。

"在这段时间，你们要成为女儿的盟友。"我强调。

母亲回避道："我永远也不会成为她的朋友，我是她的妈妈。"

她的想法无可厚非，因为她不想模糊父母和孩子之间的界限，但她没有理解我的中心意思。"成为孩子的盟友并不意味着任何方式的边界模糊，"我解释道，"也不是要求你降格为女儿的朋友。对于母亲这个角色，你过于认同，总是居高临下。正因为如此，你的女儿觉得压抑，不愿意和你分享心事，而只能表现得像个偷偷摸摸受到监视的小孩。"

直到现在，这位母亲也很难理解如何从父母的角色转变成盟友，所以她的女儿也继续表现得不成熟。她仍然在命令孩子，而不是与孩子合作并尊重孩子的自主权，结果只能让孩子的行为越来越反常。当孩子的需求得不到健康的满足时，就会想方设法地通过别的方式获得满足。可悲的是，孩子实现这一目标的方式通常是自我破坏，也会破坏与他们亲近的人的生活。

家长们经常感叹："我的孩子在青少年时期变成了一个怪物。"他们用暴饮暴食、饥饿、偷窃、自残、说谎、欺凌弱小等方式来表达需求得不到满足的绝望。

　　作为父母，我们通常不知道如何以一种与上一辈不同的方式养育孩子。当孩子唤起了我们童年时的痛苦经历，我们只会用控制来让孩子闭嘴。因此，我们周围充满了伤害和权利的剥夺，到处都是不正常的孩子。他们以后又会把自己受到的暴力用在他们的下一代身上，让悲剧延续下去。

　　虽然我们当中的很多家长经常处在与孩子的冲突中，但我们也害怕冲突，因为它唤醒了我们过去的不愉快回忆。我们不愿意在需要的时候设置限制，我们在应该拒绝的时候无法说出"不"字，因为不想被孩子视为"坏人"。这种情况一再升级，直到孩子变成一个暴君，成为家庭、学校和社交圈的霸王。这是因为我们没有按照合理的方式包容孩子，只是随着潜意识的需要取悦他们，从而给孩子造成巨大的伤害。

帮助孩子在学习上主动、专注、自律、自信，全面激发孩子的学习热情！

扫码免费听《如何说孩子才肯学》，
20分钟获得该书精华内容。

THE RULE ABOUT RULES
Chapter 19　关于规则的规则

言传身教和耳濡目染,才是让孩子学习的最佳方式。

"我们应该针对孩子的行为建立什么样的规则？"家长们问。

他们惊讶于我的回答："唯一规则是确保安全，这也是我们家的唯一规则。"

当我说安全对孩子来说最重要的时候，我的意思还包括，父母必须小心，不要把自身的恐惧投射到孩子身上，例如因为怕孩子被球砸到而禁止他玩球。在某种程度上讲，活着就有风险。我们需要确保自己的恐惧——它们可能植根于我们的童年，或者由于目睹别人的不幸——不要妨碍孩子冒险的勇气，鼓励他们去过充实的生活。

像许多家长一样，我也曾依靠许多规则来约束孩子。然而，我发现自己逐渐迷上了规则，认为我只要对孩子提出更多期望，她的表现就会更好。所谓"更好的表现"，无非就是我们能够更多地控制孩子。虽然我们可以实现短期的控制，但孩子最终会反抗，甚至达到反叛的程度。

在生活中，我们与孩子的大多数冲突其实都是微不足道的。然而我们却执着于这些次要的事情，忽视了对孩子的发展来说真正重要的东西。正是由于这个原因，我将各种活动分为两大类：生活必需的和

父母的觉醒2——如何培养自觉的孩子

可选的。我问家长们:"你们希望为了生活必需的事情而战,还是围绕着可有可无的问题纠缠不休?"

> 在生活中,我们与孩子的大多数冲突其实都是微不足道的。然而我们却执着于这些次要的事情,忽视了对孩子的发展来说真正重要的东西。

所谓生活的必需,当然包括刷牙、洗澡、学习阅读和写字、发展社交关系、尊重他人,等等。这些技能帮助孩子应对生活的复杂性,但它们并非我们潜意识的偏好,而是每个人健康发展所必需的东西。

与之相反,还有一些可有可无的目标。例如,孩子长大后不是非得成为游泳明星、科学家、开豪车或者住豪宅。一旦我们想清楚这一点,就不会逼着他们游泳、弹钢琴、上芭蕾课等。当然,全面良好的教育对孩子很有帮助,但很多成功人士未必都是学习成绩优异的人。又有多少成年人会在确定了自己的发展方向和兴趣之后重返校园?

不把可选项目强加在孩子身上,给他们选择兴趣的自由,这是帮助孩子成功的关键。如果父母为了自我满足而逼迫孩子按照他们的设想去做,就是在操纵孩子的发展。有些父母认为孩子不仅要接受必须的教育,还应力争在班上考第一名,进入耶鲁或者哈佛等名校;跑步游泳之类的活动不再是有趣的运动方式,而成了竞争的工具,父母要求孩子必须像尤塞恩·博尔特[①]那样优秀;孩子不仅需要掌握基本的社交技巧,还得进入上流社会的乡村俱乐部……就这样,我们打乱了孩子的正常发展,使其逐渐失去自我。

---

① 尤塞恩·博尔特(Usain Bolt):1986年出生于牙买加,世界著名运动员,奥运会短跑冠军。——编者注

生活必需的活动属于非黑即白的问题，而可选项目则属于灰色地带。父母可以根据孩子的喜好为其制定活动计划，利用各种机会提升孩子的自信和自我价值。

拿吃蔬菜这件事来说。即使孩子抗议，也要让他们吃蔬菜，这是健康的必要条件。然而，我们也要尊重事实：孩子可能不喜欢吃豌豆，但能接受西兰花。问题通常不在于食物的材质，而是味道。科学证明，每个人的口味都不一样，有些人的味觉相对更加敏感，所以我们不应该强求孩子喜欢某种食物，要明白众口难调的道理。我们可以鼓励孩子逐步拓宽自己的口味，但不应该强迫他们接受某种特定的食物。

孩子发展的可选项目还包括特定的兴趣爱好、朋友以及职业。在这些方面，我们自己的喜好并不算数。可悲的是，很多家长却对此横加干涉，非要替孩子作决定。尤其是在孩子年幼的时候，家长经常以"让我的孩子面对更多选择"为名，强迫孩子参加各种他们不喜欢的活动，比如钢琴、舞蹈等。结果引起孩子的强烈反对，冲突随之而来，父母就会借助惩罚的方式将自己的意愿强加给孩子。家长可能坚持认为，为了出人头地，孩子必须兴趣广泛并精益求精。他们认为，如果学习不好、缺乏才艺，孩子将来就不能取得成功，所以把这些可选项目视为生活的必需，认为它们是对孩子的未来唯一重要的东西。但家长们的想法是缺乏现实基础的。

宗教是一个比较棘手的问题，因为很多家庭都把它视为生活必需。然而，这是真的吗？如果我们认为孩子应该信仰我们笃信的宗教，那么就不相信他们会受益于其他的信仰，甚至无信仰。我知道很多孩子选择了与父母不同的信仰，结果遭到家庭的排斥；我也知道很多同性恋者碍于父母的宗教信仰而不敢出柜，有人甚至因为其性取向而被赶出家门。我或许没有资格评判某些活动是否是生活的必需，但孩子需要有权利选择他们心目中的生活必需和可选项目。

制定规则是父母的责任，例如根据孩子的年龄，要求他们睡前刷牙洗澡、用完东西放回原位、吃完饭收拾碗盘等。这些不是可有可无的"杂务"，而是必需做到的事情。我们可以运用规则在家庭中创造大家必需参与的文化。我所谓的"文化"，是指每个人会自动去做的事情，它们不是可选项，而是必需项。每个人都应做到这些，因此我们在向别人提出要求时没有任何愧疚感，也会制定相关的规则让孩子遵守。

大家必需参与的家庭文化比所谓的规则更有吸引力，尽管它也包含着父母强加给孩子的成分。我宁愿将育儿过程视为组织家庭生活的一种方式，而非人为制定和实施规则的过程。以同样的方式，孩子的安全成为家庭生活不可或缺的要求。因为父母的责任就是确保每一个家庭成员的安全，包括督促孩子系安全带，尽管安全带并不是什么让人舒适的设备。

> 我宁愿将育儿过程视为组织家庭生活的一种方式，而非人为制定和实施规则的过程。

你是否发现，我现在根本不去谈论什么"规则"了？因为我意识到，家庭的责任就是给生活的必需和可选项目分类，父母有能力建立鼓励大家都来参与的家庭文化，所以规则就显得没有必要了。

规则对青少年而言，往往是压力的来源。他们通常最痛恨别人发号施令，厌倦总是服从父母和老师的指示。作为成年人，我们也不希望成为别人的傀儡，那为什么青少年就要惟命是从呢？对于年龄大一些的孩子，父母需要意识到，唯一重要的是建立亲子间的分享关系。规则无益于培养孩子的独立性，父母在执行规则的时候，实际上是在创造自己无法取胜的冲突。

对规则的需要，源于我们对自己以身作则的能力的担忧。一旦我们看清了自己的生活，能够保持其完整性、一致性、目的性和方向性，我们的言行就会成为孩子的指路明灯，而不必再强加给他们任何外部的控制，只需依靠自己存在的力量去引导孩子。换言之，言传身教和耳濡目染，才是让孩子学习的最佳方式。

们没有意识到，怪物不是一夜之间成形的。十几岁的孩子相当具有爆发力，因为随着自由和自我表达能力的增强，他们会把多年来积压在心中的东西倾吐出来。请记住，虽然成人总是告诉青少年要成长，但对待他们的方式实际上还停留在他们四五岁的时候。举例来说，在学校里，16岁的孩子需要打报告才能去洗手间！这样做能让他们成熟吗？

青春期的孩子并不是怪物，真正的怪兽是堆积如山的没有得到满足的需求。青少年的父母如果不能随着孩子的成长调整自己的教育方式，孩子就不知道如何以健康的方式照顾自己，进而可能选择对自己有害的朋友，作出错误的决定。而父母并不知道孩子的需要没有得到满足，所以这段时期会成为很多家庭的噩梦。

孩子的不正常行为总是与未满足的需求有关，例如欺骗和撒谎。贾斯汀的母亲来做治疗，因为她已经无法忍受儿子的行为：他不仅从她钱包里偷了200美元，还做了很多出格的事。无奈的她准备送孩子去寄宿学校。

我坚信，在合适的条件下，每个孩子都想说实话。于是，我请贾斯汀单独和我谈谈。正如我所预料的，他像我接触的大多数孩子一样坦诚。他一上来就敞开了话匣子，承认了自己的错误行为，并且毫不犹豫地告诉我，他用这些钱请了一位家教，辅导自己高级化学。因为他这门课不及格，他怕脾气暴躁的父亲惩罚他。

"我知道我做的是错的，"他告诉我，"我不是一个白痴。但有这样一个爸爸，我每天都活得胆战心惊。也许我妈妈说得对，我是一个失败者。也许我还是离家出走更好。"

房间里的沉默令人难以忍受。我觉得眼前这个孩子并不是一个小偷，他只是一个绝望的可怜人，想要得到父母的认可。但他的父母却无法满足他的需要。我见过许多这样怀有创伤的年轻女孩和男孩，他

HOW TO RESPOND TO A TEEN WHO REBELS

Chapter 20 如何应对叛逆的青少年?

反常的行为往往标志着孩子与其真正的自我失去了联结。父母需要倾听孩子的呼救。

如今，许多青少年与父母疏远，辍学，加入帮派，从事危险活动甚至犯罪，或者离家出走……作为父母，我们经常会忽视青少年自我毁灭的迹象。我们总是忙于自己的事情，同时对孩子抱着一厢情愿的期望。实际上，有很多常用的指标可以衡量父母与子女之间的裂痕。

拿宵禁这件事来说。青少年往往会打破父母宵禁的规定。当这种情况发生时，父母不要急着作出下述判断："这是不可接受的无礼行为。""孩子难以管教。""他在挑衅，我要修理他。"父母需要意识到，青少年可能是因为一些他们觉得很有趣的事情而忘记规则。而青少年打破宵禁的另一个常见原因是：不理解宵禁的意义，并把它视为父母控制自己的手段。这种看法无可厚非，因为父母经常会设立一些不必要的规则。父母有必要重新审视所有规则背后的意图，扪心自问，他们是否真的是以青少年的全面发展为出发点。

> 父母经常会设立一些不必要的规则。他们有必要重新审视所有规则背后的意图，扪心自问，他们是否真的是以青少年的全面发展为出发点。

如果青少年打破宵禁，明智的父母会在第二天——而不是当天晚上（那时父母应该欢迎孩子安全回家）——与孩子坦率地交流一下，探讨如何才能更好地满足双方的需求。父母可以这样告诉孩子："我需要你帮助我了解你的看法，让我们求同存异，想办法满足我们共同的需要。"如果家长能够心平气和地与青少年讨论，孩子一般都会积极地提出解决方案。他们会意识到，如果不是父母打电话提醒自己，他们就忘记了回家的时间。所以，遇到这种情况，父母可以选择给孩子打电话，也可以要求孩子设置闹钟，提醒自己回家。

在某些情况下，为了逃避不理想的家庭环境，青少年会选择躲在外面。家长需要确认，孩子是否不喜欢目前的家庭氛围。若是这样，明智的父母应该欢迎孩子提出意见，这样才能作出受到孩子支持且符合其利益的决定。

如果在坦诚的交流之后，青少年还是打破宵禁规定，该怎么办？这说明孩子依旧觉得无法与父母沟通，所以决定无视父母的规定。一个男孩曾经告诉我："我不在乎父母怎么想，因为我不明白他们，也不认为他们尊重我、理解我。"

在这种情况下，家长很可能会得出结论："我的孩子会毁了自己的生活，他正在走向毁灭。我不能让他这样做，我要告诉他谁说了算。"因此，惩罚成了父母唯一的选择，这使得亲子关系进一步疏远。仅在美国，就有七分之一的青少年曾经离家出走；每300万孩子当中，就有一个流落街头。

父母需要倾听孩子的呼救。从表面上看，孩子是在违反宵禁等规定，实际上他们遇到了困难。家长能做的是真诚地与孩子对话，重新审视自己的意图，弄清楚它们是如何对孩子需求的满足构成威胁的。要做到这一点，往往需要专业知识的帮助。只有具备专业素养的治疗师，才能帮助亲子双方了解彼此的观点，最终使家长明白，他们的做法可能限制了孩子的发展。

如果父母发现青少年逃课和抽烟，该怎么办？从孩子的角度来看，他们是通过尝试新的行为来获得自我确认。他们实际上不清楚自己为什么会这样做，逃课和吸烟只是他们暂时缓解迷失感的方式，因为这两种行为让他们觉得"痛快"。他们其实需要帮助，他们想要传达的信息是："不要害怕和我交流，帮助我放弃这些破坏性的方式。"

不了解这一点的父母很可能会想："他们怎么敢这样做？他们不仅破坏了我们的社会声誉，而且会被学校开除，永远都进不了大学。"随之而来的便是惩罚措施，比如禁止孩子使用手机、电脑等。这会让孩子觉得，比起自己的幸福，家长更在乎面子。孩子今后也会用偏颇的眼光看待别人和自己。

父母需要重新与孩子建立联结，才能帮助他们以健康的方式走出迷茫的状态。父母要更多地陪伴孩子，或者采取替代性的教育方案，帮助青少年更好地融入大学生活、社会生活和家庭生活，甚至还需要引入心理治疗。

请注意，在上述每一种情况下，父母都不要凭想象臆断孩子的行为，或用家长的标准来衡量它们，这会导致意愿的冲突。孩子的行为总是由情感需求驱使的，他们希望得到父母的补偿和安抚。不过，父母的行为也同样由自己的需求决定。区别在于，孩子没有责任满足父母的需求，但父母有责任帮助孩子管理自己的感受。

反常的行为往往标志着孩子与其真正的自我失去了联结。此时，规则是没有帮助的。孩子的行为与规则无关，而与联结有关——关键在于孩子与其内心的联结以及与父母的联结。

在重视联结的同时，还要实现真正有效的教育。学校不应一味强调纪律规则，却忽视了与孩子的沟通。可悲的是，许多学校不仅牺牲了后者，还在不断地增设各种规则。

如何才能让那些与父母彻底疏远的年轻人重新回头？2013年母亲节，英国广播公司的节目《赞美之音》(Songs of Praise)讲述了这样一个故事。

米米·阿舍尔的儿子加入了当地臭名昭著的黑帮，当警察敲开她的家门问询时，这位母亲才知道儿子迈克尔参加了有组织犯罪。米米震惊无比，陷入了抑郁状态。之后，她意识到自己需要做一些事情改变现状。然而，与迈克尔深入交流是困难的，因为他不会告诉她任何东西。她意识到，唯一的突破点是儿子的朋友们。

于是，米米清空了一个房间的家具，摆上舒适的椅子、台球桌、电视和DVD机，然后邀请迈克尔的朋友们到家里来玩耍和休息。随着帮派成员的到来，米米开始慢慢地了解每个人，与他们建立联系。最终，她也成了迈克尔十几个朋友的母亲，为他们洗衣服、做饭。"每个人都不会对爱无动于衷，"米米说，"爱是最伟大的事情。"

无论这些年轻人是多么顽固不化，他们的确对米米的爱有所回应。结果，她的儿子迈克尔从帮派成员转变为对社区有帮助的一员。迈克尔说："我的妈妈是每个人的母亲。"虽然很多邻居对米米向这些年轻人敞开家门的做法颇有微词，质疑她没有自尊，但这并不妨碍迈克尔的看法："人们根本不明白她有多么了不起，她有一颗包容的心。"米米与年轻人沟通的意图和努力，改变了很多年轻人的生活，也使她的儿子免于牢狱之灾。一位前黑帮头目表示："我认为她是我的第二个母亲，其他好几十个人也是这么想的。"

无论是出于信仰、对人类价值的尊重，还是为人父母的责任而对孩子敞开心扉，我们都需要明白，亲子之间的联结是养育孩子过程中最重要的事。

AVOID HOMEWORK BATTLES
Chapter 21　避免"作业战役"

如果用各种强加的课程来取代孩子对世界的自由探索，他们就会失去与生俱来的与生活的紧密联系。

奥黛丽总是和儿子迈克在家庭作业问题上发生冲突。她经常给我讲述每一次"作业战役"的经过，最后迈克总会表示："我太笨了，我很愚蠢，我是个白痴。"这直接影响了他的学习成绩。

我请奥黛丽把迈克的学习过程录下来，然后我们一起观看视频。我发现迈克一开始都是在认真做作业，后来奥黛丽走进他的房间，站在他背后看着他。这让迈克紧张起来。最终，他受不了压力，吼道："你在做什么，妈妈？"

"你全都写错了，"奥黛丽说，"不应该这样答题，你需要重做。"

"你是什么意思？"迈克问，"我在学校都是这么做题的，现在就剩下几道题了，我不能重做。"

奥黛丽开始责骂他："你太懒了，总是图省事。要么重写，要么星期五就别想和朋友看电影。"

迈克把他的书摔在桌上，冲出房间大喊："我恨你！我讨厌上学！我讨厌我的生活！"

视频显示，这样的冲突已经成为奥黛丽和迈克的常见相处模式。我向奥黛丽解释，虽然她的意图是帮助迈克更好地写作业，但实际上却妨碍了他的学习，因为她打击了孩子的自信和学习的乐趣，削弱了他的学习动力。

"你为什么要充当他的老师呢？"我问，"他向你寻求帮助了吗？他的老师让你帮他了吗？"奥黛丽承认，她出手干预是因为担心孩子学习不好。我建议道："如果你能够退后一步，迈克就能根据他的感受调整自己的努力。你的存在只会扰乱他的心神，比如他努力了一整天，你却让他重做。"

奥黛丽明白了，从那天起，她就改变了方式。她不再直接指导迈克学习或者明确表态，而是允许迈克自我评估，实现自我导向。几周之内，迈克就恢复了自信和学习热情。他现在已经成了学习的主导者。

影响学习成绩的因素有很多，比如师生关系、同龄人的压力、孩子内在的学习能力和注意力等。家长不能简单地判断孩子蔑视学习或者懒惰。父母要实事求是、全面考虑，然后找出孩子需要哪些具体的帮助。不妨坐下来和孩子谈谈，询问他们，这样就能搞清一些问题的答案：他为什么要离家出走？她为什么会抗拒？我能提供什么样的支持？他需要的额外帮助是否超出了我的能力？她在担心什么？我能为孩子作出示范吗？我能帮助他定位自己，同时确保他不会依赖我吗？我能不能提供孩子需要的耐心、坚持和共情？……

我们倾向于认为，父母必须督促孩子学习，甚至强迫他们学习。正是这种态度破坏了学习的过程。不妨看看那些还没有抗拒学习的小孩子，他们的求知欲来自天性的好奇。人行道上的蜗牛、树叶上的蝴蝶、花丛中的蜜蜂都会让他们着迷。而父母却全神贯注于自己的期望，忽略了孩子的兴趣，不允许他们发展自己的爱好，用芭蕾课或足球赛占据他们自由探索的时间。孩子不得不遵照我们的安排，我们就逐渐扼杀了他们天性中对探索和学习的热爱。几年之后，我们不得不使用各种操纵的策略逼迫孩子学习，徒劳地希望化解我们在他们心中种下的厌学情绪。

许多家长向我抱怨，他们的孩子将学习视为噩梦。艾玛就是其中一例。她小时候是个快活好奇的小女孩，喜欢探索世界。当别人问她长大了想干什么，她总会冒出很多想法："我要做宇航员、警察、兽医、园丁……"这说明她很有想象力，十分热爱生活。然而，上中学之后，自我怀疑却破坏了艾玛的自信。童年时，她经常会笑容灿烂地说："我很聪明，对吗，爸爸？"如今，14 岁的她由于不愿意按照父母和老师的期望去做，便开始拒绝学习。

我想再次强调，如果我们不能保护孩子天生的好奇心，反而用各种强加的课程来取代他们对世界的自由探索，他们就会失去与生俱来的与生活的紧密联系。学习不再意味着喜悦，而变成了人为强加给他们的任务。这也难怪他们不愿意做作业。

> 如果我们不能保护孩子天生的好奇心，反而用各种强加的课程来取代他们对世界的自由探索，他们就会失去与生俱来的与生活的紧密联系。

我们的教育系统往往不尊重孩子的自然倾向。在许多情况下，它都没有重视这样的事实：允许孩子跟从自己天生的学习曲线，以不同的方式和不同的步伐学习。一个孩子可能在 9 岁时就对数学产生浓厚的兴趣，有的孩子可能到了高中才开始喜欢物理或者数学。事实上，当孩子在年龄大一些的时候学习数学，可能会以完全不同的心态对待这门课，吸收起来会更容易，甚至成绩遥遥领先。这是因为他们内心的兴趣被激发起来，而不是盲目地按照课程的安排学习。

我的一位朋友，在 12 岁之前一直很喜欢学习，但后来他的兴趣却出现了很大的转变。在初中和高中期间，他一直跟不上课程的节奏，经常受到老师的批评。有人甚至告诉他，他永远不会有所成就，"最终不得不以做汉堡为生"。他精神萎靡地过了几年，只对看电视和摇滚乐感兴趣。但在他20多岁的时候，给餐馆帮厨的他突然对烹饪产生了浓厚的兴趣。从烹饪学校毕业后，他开设了自己的餐厅，并且取得了巨大的成功。

孩子在学习方面的失败，可能是多种原因造成的，比如动机、注意力和能力等。家长的任务是寻找哪些因素发挥了作用，然后制定计划来帮助孩子在这些方面提高技能。惩罚通常只能缓解我们自己的焦虑，却无法弥补孩子的不足。换言之，纪律只会加剧现有的问题。孩子也会认为那是不公平的。比如我的一个英国朋友，他出生于婴儿潮时代。小的时候，他如果做错了乘法，就要被体罚。为什么做错题需要受罚呢？家长为什么要把加减乘除的错误视为道德问题呢？

我相信，分数并非衡量一个人智力和能力的准确标志，它只能说明你是否善于应付学校教育。然而，在太多的家庭中，分数都成为一个孩子价值的象征。努力学习的过程，以及对知识的热爱，在成绩的对比下黯然失色。我强烈感觉到，分数起不到任何有意义的作用，甚至应该完全取消。出于这个原因，我从不关注我女儿的成绩。

父母们经常问我："你是怎么让孩子明白学习的重要性呢？"也许我们更应该这样问："孩子怎样才能自然而然地遵循学习的本能？"我的回答是，在鼓励孩子勤奋积极学习的同时，还要告诉她：只要尽了力，考试结果无关紧要。如果孩子问我："难道你不想知道我考了多少分吗？"我会反问："你觉得自己考得怎么样？"我提醒她，她自己付出多少努力才是最重要的，老师和父母怎么认为都没有关系。我根本不会去看她的成绩单。这并不意味着我不关心老师的反馈。我只是不重视她在班级的名次，更强调她作为一个多层面的个体的发展，以及社交能力的进步。我承认，偏向某个擅长的领域，会使她在其他领域不如别人。但我不相信她的分数能说明什么问题。

我减少对女儿的干预，鼓励她自主学习，使她能够发展自己需要的技能，无需应对老师和父母的压力，也解放了我们双方。而我的许多年轻客户，甚至包括八九岁的儿童，都为了成绩愁眉不展。不妨想一想，一流大学的自杀率为什么如此之高，康奈尔大学甚至因为自杀率居高不下而在桥梁上安装了围栏。

这种竞争文化是由成年人营造的，而不是孩子。如果得到允许，孩子都喜欢以个人的方式享受生活。一个十几岁的孩子曾向我抱怨，"每当我放学回家，我妈妈从来不问：'你心情怎么样？今天过得好不好？'她只知道焦急地问：'你考得怎么样？'"因此，孩子们觉得，在父母眼里，考试成绩比他们的幸福还要重要。

如果孩子不喜欢上学，父母该怎么做？他们应该如何对待孩子的成绩单？有家长对我说："分数是生活中的一种现实，考试必须通过，孩子不能不接受教育。"是的，这些现实都需要应付。然而，成绩只是一种微不足道的指标，不能用来衡量孩子的整体价值。从孩子很小的时候开始，家长就需要让他们知道，不能过分重视成绩。

我要补充一点，孩子不愿写作业的原因之一是，他们已经在学校里坐了一天，不想再坐在书桌前。这是违背孩子的自然倾向和需求的，尤其是对儿童来说。家庭作业是人类毫无意义的发明之一。孩子想出去呼吸新鲜的空气，或从事一些他们喜欢的活动，这是很正常的要求。他们每天上学已经是个苦差事了，但之后还有额外的苦差事——写作业。这就是我们所处世界的疯狂之处。更荒谬的是，孩子还得参加考试。这真的是学习吗？还是想刺激孩子患上焦虑症？这样做只会导致他们考完试之后就把知识忘干净。

虽然我们的文化推崇上大学，但大学毕业后一样也要找工作。那些在工作中有所建树的人,未必都是在学校里成绩拔尖的人。比如温斯顿·丘吉尔爵士——他在维护世界自由方面发挥了关键的作用——也曾被迫学习拉丁语,但他对这门课根本不感兴趣,他的分数低得可怕。

有无数十几岁二十几岁的年轻人,他们的人生丝毫没有目标,日复一日陷入冷漠的状态,要么通过自我破坏行为——如酗酒和吸毒——逃避现实,要么机械地应付着每天的职责。事实上,他们都失去了灵魂,忍受着外部的监管和操纵,不知道如何让生活恢复生机。我的结论是,是操纵最终毁灭了这些孩子的精神。

WHY DO CHILDREN BULLY?
Chapter 22 孩子为什么会欺负别人?

父母要以身作则,在应对挫折的方式上给孩子作出榜样,消除他们遇到问题时无能为力的感觉。

为什么曾经可爱的婴儿长大后会变成一个恶霸，甚至犯下绑架、强奸、枪击等罪行？为什么原本天真无邪的孩子会发展为反社会者或心理变态者？

人们普遍认为，这说明父母的意志不够坚定，没有严格管教孩子的不正常行为。由于父母对孩子放任不管，所以孩子才会像脱缰的野马一般肆无忌惮。

然而，我认为，这种情况的出现不一定是因为纪律的缺失，很可能是因为孩子的情感需求没有得到满足。父母使用的任何管教策略，只能使孩子的不满持续下去。

恶霸、强奸犯和心理变态者的出现，都是因为缺少良知，而不是缺乏纪律。

当父母或者孩子生活中的其他成年人一心想要孩子按照他们的期望行动时，就不会听到孩子努力想要和他们沟通的声音。孩子长大之后就会变得麻木不仁，认为自己毫无价值，也就只剩下两个选择：一是通过暴饮暴食或者自我伤害设法填充自己的空虚感，甚至会患上抑郁症；一是将自己的愤怒投射到别人身上，让他们也体验受辱的感觉。因为父母没有把他们当人,所以他们也不会把别人当人。

当孩子的声音得不到倾听,当他们的感觉被忽视或者压制,他们就不再回应自己内心的呼声,变得自暴自弃。因此,他们也失去了共情其他人类的能力。接下来就会发生可怕的事情,孩子自己和出现在他们生活中的人都会受到伤害。

> 恶霸、强奸犯和心理变态者的出现,都是因为缺少良知,而不是缺乏纪律。

例如,被开除的员工带着枪回到公司,射击前老板和同事。他的心理创伤实际上形成于童年时代,只不过被解雇的经历将久远的伤痛激发了出来,让他觉得愤怒,想要报复。桑迪·胡克小学[①]冷血屠杀的凶手,就是这样一个例子。

我曾问我的女儿:"你有没有被人欺负过?"

"有的小孩曾经想欺负我,"她说,"但我没让他们得逞。"

"如果有人试图欺负你,你会怎么办?"我问。

"我会走开。"

为什么恶霸不来欺负玛雅?因为玛雅表现得硬气,让对方感觉到她内心的力量,认为她凛然不可侵犯。我记得她6岁的时候,有人笑话她头发丑,她立刻反唇相讥:"我碰巧很喜欢自己的头发,非常感谢你。"对方就没再说什么。

预防儿童成为欺凌的受害者,一个关键因素是鼓励他们自信。侵略性和坚决的自信,两者是根本不同的。当父母鼓励孩子要自信时,

---

① 2012年12月14日,美国康涅狄格州的桑迪·胡克小学发生枪击案,造成包括凶手亚当·兰扎在内的28人丧生。——编者注

不妨让孩子在家中自由地表达他们的观点，自主地作决定。如果在家里感到自信，在外面也很容易找回那种感觉。恶霸能够"嗅到"目标的恐惧，也会探测到他们拥有的自信光环。当然，这并不意味着自信的人从不会受欺负。坚强自信的成年女性也会被强奸甚至谋杀，更不用说孩子了。但那些只是偶发事件，涉及错误的时间和错误的地点，与孩子的生活模式无关。

那么，家长应该如何帮助孩子应对欺凌？

没有千篇一律的答案。家长要衡量每一种情况，然后根据事件的严重程度决定是亲自介入保护孩子还是支持孩子主动反击。很多时候，由于孩子受到了过度保护，结果无法自己处理各种人际关系。但我也必须指出，家长也常常会忽略各种警报，对孩子付出的关心不够。

如果一个孩子遇到网络欺凌，大喊救命，父母就有责任介入，维护孩子的权益。例如，一个朋友的女儿成为恶性网络欺凌的焦点，肇事者在一个网站上贴出各种消息造谣中伤她。为了不让女儿成为受害者，她的母亲采取了行动，向肇事者所在的企业举报了此事，结果肇事者被开除。

相比之下，加拿大温哥华16岁的阿曼达·托德（Amanda Todd）却结束了她的生命。她在视频网站留下了一段令人不寒而栗的视频，讲述了她被人诱导拍下裸照，以及此后被欺负、敲诈、骚扰的经历（肇事者曾在网上不断传播她的裸照）。在视频中，阿曼达举着一块牌子，上面写着"没有人帮我，我需要有人帮我"。因此，各位父母和孩子的监护人，一定要注意这类问题，千万不能对各种可疑迹象掉以轻心。

在爱尔兰，13岁的艾琳·加拉格尔（Erin Gallagher）经历了一系列网络恶性欺凌后自杀。她曾在社交网络上发出信息说，欺凌她的人开车带她出去，逼她上吊。然而，这段话却没人注意到。在加利福尼亚州，15岁的奥黛丽·波特（Audrie Pott）上吊自杀。在她去世八天前，

父母的觉醒 2——如何培养自觉的孩子

她在朋友家的聚会上晕倒后被强奸，罪犯还把过程录下来放到网上。她父母却对此一无所知，直到她去世。

在这些案件里，孩子们都曾经大声呼救过，却没有得到应有的关注。如果他们的需要得不到满足，就没有能力获得想要的支持。孩子有权得到帮助，然而他们的声音却微弱得听不见。

然而，有些遭到欺凌并因此自杀的年轻人，他们并非没有得到别人的干预。而这正是我要讨论的主题——父母和学校的干预是无效的。因为它们反映的是成年人的意愿，与孩子的需求没有真正的联系。

欺凌的行为是从家庭习得的。当孩子打了人，如果我们打他以示惩戒，就发送给他一条关键信息："如果你是小孩或者力量弱小的人，就不能打人。但如果你是成年人，打人就没关系。"孩子打人的原因往往是觉得在某些方面没有力量，如果家长再去体罚孩子，就会更让他们觉得软弱无力，反过来使其觉得需要为自己辩护，从而进一步触发自我保护机制，最终使孩子变成恶霸。

家长需要投入时间和精力，教导孩子使用暴力以外的方式和他人交流。我们要以身作则，在应对挫折的方式上给孩子作出榜样，消除他们遇到问题时无能为力的感觉。不能惩罚孩子，而是要让他们知道自己的感觉，不害怕说出他们认为不对的事情。如果事态严重，家长一定要站出来帮助孩子，但也要切合他们的需要。家长要让孩子从小就明白，无所畏惧和自我保护都很重要。

同样，那些与孩子断开联结的家长将无法帮助孩子，因为他们不了解孩子的真实感受。这种断裂体现在心灵之间的鸿沟，以及意识与实践、偏见与灵性的矛盾。

这个充满竞争的世界也总是会让人与其心灵隔离，使人们相信通过操纵可以得到想要的东西，获得成功。人们经常用"大家都这样做"为由找借口。当今的社会甚至鼓励人们互相碾压，踩着别人向上爬；

彼此之间毫不关心，缺乏共情能力。只有我们的孩子在家中学到不随波逐流，这种现象才会有所改观。

像伯纳德·麦道夫①这样骗取他人终生积蓄的人，就是物化的受害者。而在印度新德里的巴士上，一个团伙强奸了一位美丽的年轻女子，并用铁棍将她打死，而旁观者们什么都没做，因为他们麻木不仁、懦弱自卑；俄亥俄州的几个足球运动员强奸了醉酒的女孩，因为他们意识不到自己的内在价值，所以也无法评判他人的价值。这些行为都是将人类物化，践踏他们的情感和需求的结果。

> 结束欺凌，首先要从亲子关系做起。

欺凌、战争和宗教冲突，都反映了人与自己、人与人之间的隔膜。当我们对别人失去信任、产生敌意时，很自然地就会觉得受到威胁，需要把对方击退。可悲的事实是，欺凌者自己也是受害者。欺凌他人的滋味并不好受，这样的人用憎恨代替了自己的真实感情，唯有向他们认为不会还击的目标宣泄愤怒。

结束欺凌，首先要从亲子关系做起。学校的欺凌干预项目只能触及这个复杂问题的表面，而它已经在深层次扎根。因此，干预需要从家庭开始，在孩子小时候就教他们站出来为自己发声。如果能够尊重孩子成为独特个体的权利，他们就觉得没有必要以不健康的方式表达诉求。这归根结底说明了个体生存权的重要性，它是人与人之间和睦相处的基础。

---

① 伯纳德·麦道夫（Bernard Madoff）：美国著名金融经纪人，美国有史以来最大的诈骗案制造者。——编者注

THE CHALLENGE OF SIBLING RIVALRY AND CHILDREN WHO CAN'T GET ALONG WITH OTHER CHILDREN
Chapter 23　兄弟姐妹之间的竞争

真正良好的行为,是指那些能让孩子感受到存在和自我并表达自己感受的行为。

类似于校园欺凌，兄弟姐妹之间也会发生欺凌。兄弟之争似乎是一种古老的人类意识，西方文化的基石《圣经》甚至一开始就讲述了兄弟之争的故事，为漫长的史诗奠定了基调。比如该隐和亚伯、亚伯兰和罗得、以撒和以实玛利、以扫和雅各等，不胜枚举。

父母如何处理兄弟之争？关键要看是什么导致了竞争，每一种情况都是不同的。兄弟之争的背后隐藏着一个愿望：引起父母的注意。兄弟姐妹矛盾的根源是争夺父母的关注，而他们之间的合作则建立在父母对每个孩子关心和肯定的基础上。如果一个孩子觉得另一个孩子受到偏爱，事情就会不对劲。如果父母能够公平对待和尊重每一个孩子，他们就不会视彼此为竞争对手，而是盟友。

> 兄弟姐妹矛盾的根源是争夺父母的关注，而他们之间的合作则建立在父母对每个孩子关心和肯定的基础上。

我曾经给鲍勃和乔希两兄弟做过治疗。他们之间相差 3 岁，每天都在家中争吵。哥哥鲍勃被称为"坏家伙",因为父母认为他应该保护弟弟,而不是打他。然而,无论是管束、限制甚至体罚,都无法改善这种情况,鲍勃的行为越来越过分。鲍勃的父母找我帮忙。我建议,他们即刻开始鼓励鲍勃与他们分享他对乔希的所有感受,无论它们听起来有多么可怕。我认为只有与鲍勃多交流,他才有可能减少欺负乔希。

一连七周,我只让鲍勃及其父母来做治疗。每次我都请他谴责他的弟弟,允许他说"杀掉乔希、打他"这样的话。我偶尔会插嘴说:"太差劲了,对吧?"或者"哇,这听起来很难。"我们没有批评或反驳他,目的是让他充分宣泄情绪,确定自己的感受。

七周后,奇迹发生了:鲍勃不再敌视乔希,转而关注起自己的内心世界。他说,他害怕自己不如别的同龄人,不够聪明,对女孩没有吸引力。原来,他是用欺负弟弟来掩盖自卑。由于父母允许他表达自己的情感,而不加以评判或限制,他就不再有欺负弟弟的需要。当鲍勃觉得自己得到了父母的完全关注,就慢慢放下了对弟弟的敌意。

之前,鲍勃被父母称为"坏家伙",但他本质上并不坏。在教养孩子时,"好"或"坏"的判断是不起作用的。以这种方式给孩子贴标签,只能说明孩子的行为是否符合我们的标准,而无法反映孩子的本性。无论何种行为都有其目的,我们应该分析行为背后的意义。

如果一个小男孩打他的妹妹,父母的自然反应一般会是:"这样做不好,不能打人。"如果孩子继续打人,父母就会打他屁股,或者以其他方式教导他"不要打了"。如果孩子仍然不听,父母就会给他贴上"坏"或者"难管"的标签。而被打的孩子则成了"好"孩子。"你为什么不能和妹妹一样听话?"沮丧的家长会这样要求。

每当我们看到孩子做出粗鲁极端的行为,心里自然会产生排斥感。如果问题涉及兄弟姐妹,父母往往会自动倾向于受欺负的一方,将欺凌者定义为施虐方。我们甚至会不自觉地朝着打人的孩子发火,区别对待他，无意识地评判他，逐渐收回对他的感情。父母会不自觉地把敌意反射到这个孩子身上，用我们感知到的方式反过来虐待他们。实际上，他比别的孩子更加需要我们的关注。

给孩子打上"难管""坏""反社会"甚至"邪恶"等标签，只能让他们反感，让事情恶化。与其批评孩子打人或者给他贴标签，不如分析孩子行为背后的隐藏信息，因为一定事出有因。关键在于，父母如何破译这些信息。一般来说，孩子的本性是善良的，如果我们看到孩子打人，应该想到他是遇到了难处，想要通过打人来发泄。当然，这并不意味着我们允许孩子去打人。相反，我们要告诉他不要这样做。如果孩子太小，我们可以抱住他，不让他继续。这样的行为使得我们和孩子建立了联结，而不是彼此疏远隔离。

安迪和他的儿子詹姆斯最近参加了我的治疗。詹姆斯经常在学校打架，时常被老师留堂或者叫家长。然而，他仍然继续打架。安迪对此一筹莫展，因为他已经软硬兼施用尽了各种办法对儿子。

对我来说，第一步是与詹姆斯建立情感联结，为他创造安全感，让他可以自由地表达任何看法。随着治疗的进展，他告诉我，他觉得自己不如同学们聪明和漂亮。"他们取笑我，"他吐露道，"他们叫我'胖子'，说我长得很可笑。"因此，他被小组活动冷落，经常独自玩耍。即使偶尔和其他孩子一起活动，也会通过打架来表示自己的困惑。

安迪这才明白，他忽略了儿子的感受，简单地给他贴上了"坏孩子"的标签。如果他明白詹姆斯打人的目的，就会试图与他沟通。如果他对儿子有信心，就会知道詹姆斯不可能毫无缘故地欺负别的孩子。是自卑、恐惧和不信任导致詹姆斯出手打人。

当我们发现了詹姆斯的心结，就将注意力转移到他对自己的看法上。诚然，他的身材比较壮硕，所以引发了同学的嘲弄。然而，这不是真正的问题。其他孩子笑话詹姆斯的原因是他对自己缺乏自信心。

无法建立足够自信的詹姆斯选择了打架作为表达自我和感觉强大的一种方式，他实际上想说的是："不要把我排除在外，我很重要。"

我对安迪解释，詹姆斯打人并不是"坏"的行为，反而是"好"的行为。这或许会让父母大吃一惊。我接着重新定义了"好"与"坏"的行为背后的意向。与我们平时的理解相反，所谓的"好"的行为，只能说明孩子听话、顺从，并得到了别人的认可。而真正良好的行为，是指那些能让孩子感受到存在和自我并表达自己感受的行为。他们要哭得发自内心、笑得毫无拘束、想得天马行空，他们要快乐地创造、自由地说话，并且喜欢自己正在做的事情。

因此，良好的行为不是由人为的规范或者与别人的比较决定的，而是指切合孩子实际情况的行为。如果孩子的行为看上去"很好"，比如考了高分、成绩名列前茅，但同时却患有胃痛、无法安然入睡，或者喜怒无常等，那就说明孩子压力太大。这种"好"的行为剥夺了孩子的核心完整感，是以恐惧为基础在误导孩子，孩子没有必要受其困扰。

换句话说，我们的社会把"好"与"坏"的行为彻底搞反了。事实上，如果某种行为掩盖了孩子真实的自我，使其扮演虚假的角色，那就是不好的。从这个角度来看，我们不应因为孩子不尊重人，而把"翻白眼"视为坏行为。如果父母用心了解孩子，可能会从翻白眼的行为分析出孩子的心思。

我们如果能从给孩子的行为进行分类变成试图理解孩子的行为，就会认识到，孩子需要自由地忠实于本真的自我，而不是符合我们对他们的期望。创造力只能来源于孩子的自我价值感。因为我们信任他们，他们才能相信自己，也才有信心运用内部的丰富性作出贡献。如果孩子按照自己的感觉行事，世界将会大为不同。管教和惩罚导致的数年来的动荡也会随之改观。我们要明白，现实中缺少良善，往往是因为人们无法面对自己的本心而引发的混乱。

孩子无法与家人和睦相处，可能还存在其他隐藏的原因。举例来说，雅各布和玛丽是很好的父母，但他们对儿子冲动和暴虐的性格无能为力。他恐吓兄弟姐妹，经常大发脾气，在学校不断惹麻烦……没有人能管他，似乎什么办法都不奏效。父母试图和他讲道理，向他解释他行为的后果，以各种方式劝说他。虽然他们已经按照育儿书所言做了"所有正确的事情"，但毫无效果，儿子对他们充满了怨恨。

直到雅各布和玛丽意识到，尽管他们表面冷静，却无意识地让儿子感觉到了极大的压力。和儿子说话时，他们的语气会制造紧张气氛，即使他们清楚自己爱儿子，但使用的措辞却会刺激到孩子。比如，他们是这样和我描述儿子的："他失去了控制，没法管教，他的行为都是故意的，我们厌恶他。"

后来他们发现，儿子并不是在故意报复他们。他的大脑中负责集中注意力、组织和计划、记住各种细节、控制语言和行为的那一部分功能出现了损伤，导致他无力控制自己的冲动。认识到这一点，雅各布和玛丽选择了一种平等尊重的方式与儿子展开对话，帮助他满足需求，而不是讨论他的行为有多么糟糕。

雅各布和玛丽的例子让我们看到什么是恶性循环，它让孩子越来越觉得自己不受欢迎，甚至将父母和关心自己的人阻隔在外。因为父母并不清楚孩子的身体出现了问题，所以认为孩子的行为是故意的，这导致他继续表现出反社会的倾向。我们常常不知道孩子的生活中何时会出现这样的循环，它发生在不知不觉中，可能会导致孩子被学校开除、成为一名吸毒者甚至杀人犯。

家长如何识别孩子那些有问题的行为症状呢？要带着肯定的心态与孩子交流，尽早采取行动避免灾难，决不能落入贴标签的陷阱，使孩子成为社会的弃儿。那些伤害老师和同学的枪击犯就是如此产生的。

家长需要明白,每个孩子的神经网络连接方式是不同的,它们在某些情况下不一定能充分发挥作用。这样的孩子需要特殊的社会、情感和理智关怀,而且在许多情况下需要精心挑选专业的干预手段(参考信息见本书末尾所附的资料)。尽早采取专业手段帮助孩子,可以弥补神经网络的问题,甚至促进大脑功能的恢复。

孩子情感处理方面的症状,包括那些看似属于小问题的思维混乱、情绪崩溃,以及想要从事危险行为的愿望等,往往出现在幼儿期,很容易被家长忽视。但是,随着学业压力的增加,这些症状就会发作。孩子需要家长的帮助来应对这些困难。如果这些症状被忽视或误解,孩子就会被贴上负面的标签,自暴自弃。随着时间的推移,他们会出现更多的问题行为。

WHEN YOU SPARE THE ROD, YOU DON'T SPOIL YOUR CHILD

Chapter 24　棍棒底下不一定出孝子

正是自古就有的推行纪律和惩罚的传统导致我们的世界变得疯狂和不可理喻。

不止一位家长肯定地告诉过我，他们的孩子可不是用一个"坏"字就可以形容的。他们表示，与这样的孩子沟通，找出其情绪爆发的原因是徒劳的，因为孩子天生就"坏"。他们声称，只能使用严格的纪律来遏制孩子的这种天性。

有的孩子确实难以控制自己的狂野冲动；有的孩子似乎根本无法与父母沟通，无论怎么鼓励他们；有的孩子在年幼时就表现出暴力倾向，不仅虐待动物，甚至恶意攻击兄弟姐妹和父母。有研究人员坚持认为，某些孩子天生就喜欢反抗、叛逆和反社会，并有可能犯罪。

然而，我不接受这个结论，因为有些人被概念引入了歧途。我向无奈的父母解释，虽然我理解他们的遭遇，但是给他们的孩子贴上"坏孩子"的标签，然后诉诸纪律，只会使矛盾升级，助长孩子的不正常行为。我曾亲眼目睹了我的很多客户通过管教迫使孩子出现了极端行为。

宏观是微观的集合与反映，发生在家里的事情也很有可能发生在社会、国家层面上。我们可以通过一些社会现象看出来。举例来说，瑞士心理学家爱丽丝·米勒在她的著作《为了你好》(*For Your Own*

Good）中，指出希特勒及其追随者都是严厉家教的产物。研究还表明，20世纪90年代的南斯拉夫战争中，塞尔维亚和克罗地亚的种族大清洗，在很大程度上是严格的家教导致的野蛮结果。我坚信，正是自古就有的推行纪律和惩罚的传统导致我们的世界变得疯狂和不可理喻。

尽管我们已经看到纪律可能会导致有害的结果，但很多家长仍会抱着纪律不放，而且宣布他们自豪于这样做。例如，2013年2月，英国司法大臣公开表示自己孩子小的时候，他打他们的屁股是为了"传递信息"。这位政府官员也捍卫父母体罚的权利。然而，大量的研究已经显示，打屁股对孩子有着长期的负面影响。为了反驳司法大臣，英国防止虐待儿童协会的一位女发言人指出："虽然目前父母对孩子的体罚并没有被禁止，但证据表明，这样做是无效的，而且对儿童有害。"

可悲的是，世界各地的许多家庭甚至学校，仍然认可体罚是执行纪律的有效工具。这主要是因为，尽管我们已经认识到人类的各种先进性，但很多人仍然相信，作为一个物种，我们很容易误入歧途，除非持续地受到纪律的约束。因此，代代相传的观念是："棍棒底下出孝子。"人们把打屁股和其他形式的惩罚视为对孩子有益的"纠正"。

有些人指出，《圣经》中也提到了体罚。虽然在《圣经》里并未找到"闲了棍子，惯坏了孩子"这种句子，然而，"棒头出孝子"的确切措辞起源于萨缪尔·巴特勒的一首诗《胡迪布拉斯》（*Hudibras*），它可以追溯到1662年的英国内战时期。1377年，威廉·朗兰也讲过类似的话。如果我们翻开《圣经》，尤其是在《箴言》中，会发现这样的句子："不忍用杖打儿子的，是恨恶他；疼爱儿子的，随时管教。"在《新约》中，我们会读到，上帝"管教那些他所爱的人"。不仅是圣经文化信奉"棒头出孝子"，其他文化也推崇同样的观点，大都是基于类似的理念。

Chapter 24　棍棒底下不一定出孝子

如果你真的相信体罚是有效的，那么请告诉我，世界上为什么还会出现各种反常的问题，导致无数人受苦，人与人彼此杀害呢？比如导致50万人死亡的"二战"、桑迪·胡克小学的惨剧，以及各种全球冲突。所有这些情况都是社会实行"纪律"的结果。

"棍棒"教育来自古老的时代，那时人们对自己的心灵知之甚少。人们通常认为，是"明智的所罗门王"提出了棍棒教育的概念。然而，他的儿子却是压迫人民的暴君，结果迫使很多人起义，使他的王国一分为二。我们不如来分析这个故事，所罗门采取的棍棒法究竟有多"聪明"，应该从他儿子的表现来判断。显然，他的教育失败了。

我想强调的是，孩子的行为始终是有意义的，发现一个行为的意义是非常重要的任务。如果社会能够抛弃"有的孩子本性邪恶"的想法，就能促使社会文化更加理解孩子，知道他们的反常行为是有原因的。可悲的是，现在很多孩子都缺少这样的帮助。

以桑迪·胡克小学的枪击案为例，很多父母在脸书上贴出了对自己孩子的行为描述，它们与熟人描述的凶手亚当·兰扎的行为十分类似。虽然很多人觉得这些父母不应该这样判断自己的孩子，但我尊重他们敢于承认孩子极端行为的精神，作为父母，他们一筹莫展，不知道该如何处理孩子诸如此类的行为。我特别佩服那些能够承认"有些事我做得不对"的父母，比如我的一些客户，他们意识到自己在满足孩子的需要方面力有不逮。

整个社会都需要认识到，我们的文化应该转变，使寻求帮助的行为不被视为软弱的表现，使那些需要保护的孩子不被羞辱。家庭不应该孤立孩子，以致于最终将其送进监狱或者精神科病房。我们急需各类干预措施。我们讨论的是大量处于灰色地带的孩子，并非那些必须住院的精神病患或者已成为罪犯的孩子。许多需要帮助的孩子，他们的父母之所以没有求助，是因为他们觉得不存在这样的帮助。因此，对精神健康的支持需要成为社会的一个优先事项。

家长不寻求专业人士帮助的另一个原因,是其家人和朋友往往会对此说三道四,质疑家长缺乏能力。我们的社会文化并不鼓励父母承认育儿过程具有很大的挑战性,所以人们会抗拒邀请外援的想法,拒绝能够给家长提供喘息机会的专业人士的帮助。从社区层面来讲,人们不应该互相评判,而应该彼此支持,弥补各自的缺点和局限性。

一位女性在脸书上贴出一篇名为"我是亚当·兰扎的母亲"的文章,讲述了她和儿子的冲突过程。她表示,虽然她并不真的是亚当·兰扎的母亲,但她觉得如果自己无法帮助儿子,他就真的有可能变成兰扎那样的人。最后,她指出,除了把孩子送到警察局,她别无办法。虽然大家对此事看法不尽相同,但它却提出了一个不容忽视的问题:像这样的母亲,需要到哪里寻求保护和帮助呢?

我的一个客户的儿子24岁,他的暴力行为快把家人逼疯了。父母试图为其寻求帮助,但因为他已经成年,家长的干预力有限。精神科病房在24小时内就让他出院了,因为他说服医生相信他是"正常"的。于是家长给警察打电话,警方表示,除非家长提出起诉,否则他们不能做任何事情。家长又不想起诉,所以感到很无助。这说明,我们的文化与教育孩子的需求之间是多么地脱节。

正如我们前面所讨论的,我们的教育系统关心的多是孩子的智力,而非心灵。表面上看,我们谈论的是孩子在学校的行为,这似乎属于学校辅导员的职责范围。然而,他们不具备处理孩子心理问题的专业能力,也不被鼓励这样做。丹尼尔·戈尔曼①在他的里程碑式著作《情商》(*Emotional Intelligence*)中指出,孩子的情商比智商更重要。然而,在大多数情况下,我们关注的重点却是智商,父母和老师都希

---

① 丹尼尔·戈尔曼(Daniel Goleman):哈佛大学心理学博士,曾四度荣获美国心理协会最高荣誉奖项,其代表作为《情商:为什么情商比智商更重要》。——编者注

望孩子获得好成绩。

如果我们能将重点从智商转移到情商，学校就能成为家庭教育的强大辅助，不再强调竞争，注重孩子的社会能力与情感培养，让他们学会调节自己的心情，以健康的方式表达自己。除了学习基本技能，比如语言和在社会中发挥作用的必要知识等，学校将专注于促进培养孩子作为一个人的全面发展，摒弃信息的灌输。

> 孩子是学习代数更重要，还是学习活在当下并通过相互支持与关心而获得情感的联结更重要？

我们应该问自己："孩子是学习代数更重要，还是学习活在当下并通过相互支持与关心而获得情感的联结更重要？"我期待有一天，埃克哈特·托利的《新世界》（*A New Earth*）和《当下的力量》（*The Power of Now*）一类的书成为学校教育的主要材料，学生们可以管理自己的情感，不做麻木的考试机器。我也期待有一天，家长们聚集在一起，讨论他们的育儿经验，并由心理治疗师辅助指导。我们还要走一条很长的路，才能结束世界上那些毫无意义的暴力——校园欺凌、家庭虐待、犯罪或国际冲突。

THE HIDDEN REASON WE DISCIPLINE
Chapter 25 执行纪律的隐藏原因

如果父母和孩子成为一个相互支持的成长共同体，养育也就成了一种觉醒的伙伴关系。

如果孩子违反父母的意愿，他们就会生气。"他们为什么就不能听话呢？""为什么他们总是无视我？"父母经常这样问。由此，我们很可能会诉诸管教，迫使孩子守规矩。当孩子冒犯我们时，这样做似乎很合理，然而，实际上会发生什么呢？

有一次，当我的女儿穿着她的旧衣服下楼，而不是我为她生日聚会买的新衣服，我立刻觉得她是故意针对我。她知道我花了时间给她挑选衣服，为什么还要穿旧衣服呢？我很不高兴，认为她是在挑衅我。

在这种情况下，我们通常会假设孩子的愿望是叛逆的，他们希望与我们对着干。然而，如果我们温和地询问他们原因，很多时候都会发现他们是完全无辜的，他们的行为也是经过深思熟虑的。孩子为什么不能坦率地表达自己的意愿呢？以前，我意识不到，我的女儿不按照我的期望穿衣打扮，是因为她的选择与我无关。实际上，她只会跟随个人喜好和心情选衣服，而不是满足我的需要。后来，我会主动考虑到这一点，从而避免与她产生冲突。

如果我们相信，我们给孩子的安排是对他们最有益处的，就很可能会陷入操纵他们的陷阱。当母亲对女儿说："听见你在练小提琴，我觉得非常高兴。"当父亲对儿子说:"孩子,看到你踢足球,我非常骄傲。"当我们以这种方式操纵孩子,就会让他们觉得有责任照顾我们的感情。所以,选择什么样的派对礼服、是否拉琴和踢足球就成了不那么单纯的决定,而是为了让父母高兴。如果他们希望按照自己的喜好选择衣服,或者决定放弃小提琴和足球时,想起父母的期望,就会觉得矛盾。因此,假如孩子的发展曲线和父母的心愿产生了冲突,他们就会害怕作出真实的回应。他们甚至可能会因为使父母伤心感到内疚,进而迷失了自我,表现出虚假的人格。

虽然孩子在派对上穿什么衣服只是简单的着装问题,但很多父母相信,在这方面他们也有权发言。我们希望孩子的外表符合我们的期望。孩子经常会因为外表受到欺负,比如肥胖。所以,有的父母会聘请营养师、私人教练帮助孩子健身,甚至诉诸外科手术。尽管这些做法不具备惩罚性,但其潜台词是:"你不够好,你需要修复,我会修复你的。"这样的"修复"其实是惩罚的形式,与我们鼓励孩子养成健康的饮食习惯和进行适当的运动具有根本差别。

在生日礼服的例子中,我为什么会有无奈的感觉?它并非来自我女儿的行为,而是来自我自己的童年。我曾经希望按照自己的喜好打扮,但最后还是穿了父母认为更合适的衣服。当然,着装只是一个象征,你可能需要在许多方面被迫顺从父母的心意,包括学习钢琴、选择男朋友等。结果,我们最终复制了父母的理想或生活方式。我们的孩子也会受到我们童年经历的影响,从而复制我们的模式。所以,他们会在外表、分数和爱好等方面屈从于父母的期望,因为我们认为这些是良好的行为与成功的标志。

为什么我想让女儿符合我的期望呢?当我思考这个问题时发现,每当女儿不听我的话时,我内心就会感到空虚。这种感觉会在玛雅的不同成长阶段出现,一直不曾消失。于是,我开始问自己:"这种感觉的本质是什么呢?"我花了一段时间才弄清楚,原来每当玛雅挑战我的标准,我就会想起童年自我被破坏和践踏的经历。为了弥补损失,我需要在女儿身上实现一部分自我,树立某种特定的父母形象。因此,当我的期望受到了威胁,我就会怅然若失。如果没有这些期望,我会觉得自己什么都不是,感到铺天盖地的空虚,最终引发难以忍受的焦虑。

当我们感到焦虑却不知道原因的时候,常见的应对方式就是把这种感受向外投射。当我们这样做时,孩子往往成为我们潜在恐惧的接收人。我们担心他们的健康、安全和未来,因此我们管教他们,让他们在我们的"安全"控制之下。恐惧决定了我们如何与孩子互动,这往往是我们管教他们的真正原因。

当然,我们会把自己的恐惧美化为"对孩子的爱"。我不相信的是,爱一个人意味着我们需要担心他们。与此相反,这种恐惧恰恰出于我们对自己和孩子的安全和福祉的担心。我们害怕一旦潜意识的剧本无法上演,我们会被剥夺满足和平静感。这个意义上的缺乏植根于我们的真实自我被粉碎后留下的空虚感。除非我们能够看清爱与希望通过孩子弥补我们的缺失之间的区别,否则我们与孩子的联结就会遭到破坏。

我想,纪律的潜台词是:"你怎么敢让我不满意?我现在觉得失去了控制,我会告诉你谁真正说了算。"换句话说,几乎所有人都认为,家长是因为孩子的不当行为而惩罚他们。然而,真正的原因并非如此。我的观点是,只有在孩子让我们觉得不满意的时候,我们才会施以惩罚。因为他们使我们意识到自己在生活中迷失了自我。因此,革命性的观点是,纪律实际上不过是无助的父母在迷失自我时匆忙抓住的一根拐杖而已。

> 纪律实际上不过是无助的父母在迷失自我时匆忙抓住的一根拐杖而已。

一旦意识到这一点，我就开始对比我与女儿以及我与父母之间的关系，结果自然感到对父母的愤怒。但我也发现，没有必要因此指责他们，因为他们的自我也被他们的父母践踏了。每一代人都是这样。所以，世界一直处于某种可悲的状态，存在着各种伤害。只是现在我们才开始意识到，祖父母和父母对下一代的操纵，导致我们反过来操纵自己的孩子。

明白了纪律产生的原因，我们就能采取完全不同的养育方式。纪律来源于我们自身的不满，而育儿的主要任务则是解决这个问题，以免将它投射到孩子身上。换句话说，育儿的重点不在于孩子，而在于家长。这意味着，成为父母是一个极好的机会，它能够帮助我们重新唤醒已经麻木的自我，促进我们的成长。

如果孩子不符合我们的愿望，我们就会体验到自身的空虚。但是，只有自我的重生，才能弥补我们童年时代的自我破碎，实现真正的幸福。虽然我们的自我在成长过程中遭到了践踏，但它仍然存在于我们的内心深处。

那么，如何进行重生？如果我们觉得受到孩子的冒犯，先不要抨击他们，尝试与我们当下的情绪相处。不用繁忙的日程或其他方式回避任何情感的不适，接受它的存在，不去利用孩子实现我们内心的向往，面对现实，面对空虚。当我们观察自己的空虚，体验那种痛苦，就会渐渐意识到，我们至少落在一个有底的洞穴，而不是无底洞。空虚和痛苦之下隐藏着我们被粉碎的真实自我。如果足够深入，我们就能体验到它，使其复活。那么，当孩子违抗我们的意愿——在外表、成绩、修养和能力方面满足社会标准——时带来的内心空虚，也就不复存在了。

我们越是诚实面对这些痛苦，停止逼迫孩子遵循我们的潜意识剧本，孩子的真实自我就越会得到保护，他们将来也就越少需要去修复破碎的自我。由此，家长和孩子会成为一个相互支持的成长共同体，养育也就成为了一种觉醒的伙伴关系。成为父母对我们的自我成长而言是一种完美的安排，我们因此能够实现童年时尚未完成的成长。

我们现在谈论的是亲子关系的共生性质。当我们的孩子处在子宫和婴儿期的时候，他们是我们的一部分，我们必须密切参与他们生活的所有细节，在各个方面照顾他们。然而，即使是在深深投入的时候，为了他们的幸福着想，我们也得分清楚为他们服务和利用他们来满足我们的潜意识需求之间的区别。

我们通常陷入的共生幻想是："我就是我的孩子，我的孩子就是我。"因此，当孩子拒绝穿我们买给他们的派对礼服，我们会觉得他们是故意针对我们。如果他们考试得了 C，我们的表现就好像是自己的智商有问题一样。在分数方面，我们很少能够不带情绪地去了解孩子得了 C 的原因，而是会感到内疚或者试图通过管教孩子让自己看起来更聪明。来自于各种错误观念的管教继续禁锢着我们的孩子。但青少年只有脱离幼儿时代与父母共生的状态，才能作好进入成年的准备。

婴儿期往往是父母最难跨越的阶段，同时它也最具共生性。为了孩子的健康成长，早期的亲子关系需要共生，以便让家长和孩子形成深刻的联结。家长必须给出自己的一切，但有一个例外——从他们的童年时未得到满足的情感中发展出来的潜意识剧本。

孩子幼年时期对父母的依赖，导致我们习惯了被依赖的感觉。这就是为什么蹒跚学步的小孩会成为许多家庭的噩梦，因为孩子的独立性会不断涌现。为什么我们称这个时期为"可怕的两岁"？因为它威胁到我们对共生的依恋。蹒跚学步的孩子对我们发出呼喊:"放手吧,往前走。"但放手会引起我们巨大的焦虑,我们担心由此迷失自我,这是非常痛苦的。当孩子离家上大学时,我们也会陷入同样无所适从的状态。我们试图插手那些他们理应自己去应对的情况。无数的青少年向我抱怨,父母不"允许"他们申请离家太远的学校,甚至通过经济来操控他们。

为人父母的目标是发自内心地爱我们的孩子,这意味着我们不再担忧他们是否能够获得幸福或者成功。因为我们能够感受到完整的自我,所以不必再强迫孩子来满足我们的需求。通过满足自我的真实需求,我们已经开始复苏。这使我们摆脱了空虚感,并能为孩子提供他们所需的支持。他们怎么穿衣打扮或为人处世,不是出于我们的要求,也不代表我们自己。孩子获得幸福与成功会让我们感到开心,但那已不是我们追逐的首要目标。

> 我们要让孩子从实现父母梦想的压力中解放出来,因为这些梦想根植于我们的需求,而不是他们的。

关键在于,我们要让孩子从实现父母梦想的压力中解放出来,因为这些梦想根植于我们的需求,而不是他们的。然后,他们才能够努力发现自己的心声,通过自己的经验走上符合自我的真实道路。这是我们送给所有孩子的最好礼物。

THE POWER OF CONNECTION
Chapter 26 联结的力量

我们首先需要放空思想,进入一种全然静默的状态,这样才能与孩子的情绪协调一致,接纳他们的感受,与他们一起活在当下。

我们需要与我们的孩子联结，而非不断地纠正他们。所有孩子都渴望联结，而不是纠正。他们最希望的就是因为表现出真实的自我而被爱。如果我们不允许孩子做自己，他们可能就会出现负面行为、心理问题和反社会倾向，甚至犯罪。

> 所有孩子都渴望联结，而不是纠正。

我们与孩子联结的严重断裂可能发生在最简单的事情上。在几秒钟内，孩子就能从与我们的互动中探知我们的真实想法。例如，当孩子走下校车，进入家门，还没放下书包，很多家长就会劈头盖脸地提出很多问题："你今天过得怎么样？考试表现得如何？喜欢你的午餐吗？"他们认为这样做是在和孩子进行联结。然而，实际上他们却在不经意间把自己的意愿和标准强加给孩子，根据他们的喜好引导谈话的方向。

孩子很可能没有心情向"老板"汇报，因为他们已经被学校的课业弄得筋疲力尽，一点也不想在放学后再回答另一个成年人的问题，他们需要的是放松心情。假如孩子说："我现在不想谈论这些，我太累了。"那么，一心沉浸在自己潜意识剧本中的家长就会以为孩子虚度了光阴，因此表现得非常失望，从而与孩子的感受失去了联结。家长觉得自己被孩子怠慢，这种想法完全是出自臆测，因为他们忽视了孩子的需求，只希望满足自己的需求。因为家长无法感受到真实的自我，所以很容易将孩子作为满足自我需求的替代品；一旦孩子无法满足家长的需求，家长就会感到空虚。

当孩子即将放学回家的时候，我们要在情感上作好迎接他们的准备，给他们放松身体和心情的空间，让他们决定是否与我们交谈，允许他们设定谈话的基调，而我们只需作为一个倾听者。当孩子到家时，我们要微笑着开门，无论他们是否也对我们微笑和拥抱。不管孩子的情绪如何，他们都需要感到自己被父母全然接纳。换言之，孩子是导演，回家之后，他们有权要求父母为他们提供所需之物。我知道，对很多家长来说这样做很难，但这是有效育儿的途径。

作为父母，我们并没有意识到孩子回家后多么需要放松和休息。尽管我们很想知道他们在学校的学习和游戏情况，但此时并不是合适的询问时机，除非孩子主动开口谈论。我们只需要给他们温暖的欢迎，随着他们的心情作出回应。不妨等孩子恢复了精力，适应了家里的环境，我们再温和地询问他们一天的情况。此时，他们很可能愿意开口，但我们也不能心急，要等待真实联结展开的时机。

作为家长，我们更容易重视精神联系，并想用它代替情感联系，通常这意味着交谈。我们认为，通过谈话就可以与孩子产生联结。然而我们往往会用话语将自己的意愿强加给孩子，而不是倾听孩子的需要。因此，我们首先需要放空思想，进入一种全然静默的状态，这样才能与孩子的情绪协调一致，让孩子察觉到真实的自我。

Chapter 26　联结的力量

有多少人能真的进入这种活在当下的状态？真正与孩子在一起，接纳他们的感受，这可能会让我们感到痛苦，直到习惯为止。因为我们惯于用喋喋不休来填充沉默。我们无法同孩子一起仅仅活在当下，这是我们制定出各种育儿规则的原因之一。

没有人教导我们该如何进入静默之中。我的意思是，学校里有关于"静默"的课程吗？

进入舒适自在的静默状态，是父母与孩子产生联结的前提。在此基础上，我建议父母通过六个步骤与孩子建立并保持联结，我就是这么做的。为了便于大家记住，我使用"WINNER"一词来代表这六个步骤，每个字母的含义[①]如下：

W —— 见证
I —— 调查
N —— 中立
N —— 协商
E —— 共情
R —— 解决

[①] WINNER，原意为获胜者，此处作为六个词的首字母，分别是witness（见证）、inquire（调查）、neutrality（中立）、negotiate（协商）、empathize（共情）、resolve（解决）。——编者注

扫码立即获取

WINNER 原则清单,方便你马上用起来

W IS FOR WITNESS
Chapter 27 见 证

孩子想让父母看到他们内在的美德，无论他们当下的外部行为如何。

字母W意味着见证当下发生的事情。这需要我们跳脱父母的角色，单纯地观察正在发生的一切。

当你欣赏壮丽的日落时，你会从一个女人、男人、家长或者配偶的角度出发吗？不，你根本意识不到自己充当着上述角色，因为日落的辉煌已经吸引了你的意识，让你完全沉浸其中，你从思考状态切换到了存在状态。这让你与美景融为一体，完全接受事物的"本来面目"，而不是用电影镜头来诠释它的样子。"日落应该是桔红色的。"如果你冒出这样的念头，就无法深入你正在体验的经历的核心。观赏日落的时候，你的身份仍然是女人、男人、家长或配偶，但这些角色对于当时的情境来说是无关紧要的。

无论当下的一刻是怎样的，无论正在发生什么，它都具有特定的价值，即使它让我们觉得不适。如果我们不得不面对现实，那么意识到这一点对我们会很有帮助。如果我们活在当下，就会经历深刻的转变。相反，如果我们的头脑忙碌不停，就可能错过这些宝贵的经验教训。

> 无论当下的一刻是怎样的,无论正在发生什么,它都具有特定的价值,即使它让我们觉得不适。

我们能否以观赏日落的方式与孩子联结呢?事实上,我们可以。如果我们愿意暂停播放我们心中的电影剧本,拥抱现实的本来面目,就能与现实产生联结。

很多父母会在不知不觉中被孩子排除在外,这是因为孩子觉得父母并没有与他们步调一致。"我的父母从来不听我说话。"这是我最常听到的抱怨。当然,我们认为自己在听。但我们听到的是自己内心的声音,而不是我们的孩子正试图告诉我们的东西。

我们想知道,为什么孩子对我们的话充耳不闻。因为我们的潜意识会不断给孩子制造干扰,就像叮当作响的铃声。"父母只会对我说教。"很多青少年都这样告诉我。所以,为了自我保护,孩子只能装聋作哑。

只有当我们真心回应孩子,而不是把自己的剧本强加给他们的时候,才能满足孩子的需求。当我们与孩子有效联结的时候,不存在夸张的成分。我们实事求是地处理问题,这样做可以与孩子保持联结,为孩子的健康发展奠定基础。

一位父亲向我抱怨说:"我12岁的儿子从来不主动与我说话,他只喜欢和朋友用电脑聊天。"我解释说,这个问题并非一夜之间出现的,也不会在一夜之间解决。孩子的行为反映出他对父亲行为的感受。因为孩子知道他的需求一再被忽视,所以用行动发出了信息:"我要躲在我的房间里,这样才能保护自己,处理对我来说真正重要的事情。"

我向这位父亲表示,他需要和儿子建立联结。他哀叹:"但他都不让我进他的房间,如果他不和我说话,我怎么和他联结?"

"你就从事情的'本来面目'出发,"我解释道,"他用电脑做什么?"

"学习和玩视频游戏。"

"那么,你就向他展示你对他喜欢的视频游戏的兴趣,邀请他和你一起玩。"这是父母见证孩子的自我的方式。

"但我讨厌视频游戏,它们让我觉得无聊。"

"这和你喜欢的东西无关,而是你要与孩子沟通。当他看到你愿意和他互动,不是一心想要改变他的兴趣时,他就会敞开心扉。但我得提醒你,这需要时间。你必须一砖一瓦地逐步建立信任,不能被他的拒绝激怒,而要把它看作是联结过程的一部分。这将帮助你与孩子的本来面目发生联结,了解多年以来他的真实感受。"

孩子不会主动自我封闭。相反,他们的天性是开放的。只要觉得安全,他们就会分享自己的看法。孩子想让我们看到他们内在的美德,无论他们当下的外部行为如何。如果孩子发现他们的不当行为并不会惹怒我们,就会觉得开心。无条件地接纳孩子才能见证他们的本来面目。

当我说到无条件接纳,家长们有时会表示:"难道孩子说谎、偷窃、欺骗也没有关系吗?"

"这并不是说孩子某些特定的行为是好的,"我解释道,"而是针对亲子关系而言。孩子需要明确地知道,承认自己的错误和弱点是安全的。无论他们的表现如何,他们仍然是很好和很有价值的人。自我感觉良好,促使他们想要做好事。"

如果孩子察觉到父母会扼杀他们的个性,就会保持沉默。如果我们希望孩子对我们敞开心扉,就不要轻易评判他们。进入见证的状态意味着我们应该放弃指手画脚的冲动。在有意义的联结的氛围下,孩子才有可能自然而然地调整他们的行为。在此之前,孩子最需要的是父母看到他们的真实需求，与他们坦诚相待。

当孩子感受到来自我们的共鸣，就会被我们的存在所吸引。以弗雷德和他女儿之间的关系为例。弗雷德有洁癖，喜欢让他的房间保持整洁。在一次治疗中，他描述了自己和女儿的斗争。"她没有礼貌，不尊重人。"他抱怨道。

原来有一次，当弗雷德走进房间时，发现他的女儿一边看着最喜欢的电视节目，一边喝着奶昔，还把脚翘在沙发上，她的书散落了一地。

这情景足以让弗雷德发疯。"把你的脚从沙发上拿下去，"他吼道，"收好你的书，去厨房吃东西。难道你不知道，不能在客厅里吃东西吗？"

弗雷德的女儿哼了一声，站起来，嘟囔着走进自己的房间，砰的一声关上门。

弗雷德闯入她的房间里大喊："你怎么敢这样！太不像话了。我会好好教你的，一周之内不许你看电视。"

当我告诉弗雷德，他的行为触发了一连串的多米诺骨牌时，他一脸茫然。我解释说："你进屋的那一刻，觉得里面很乱。然而，从你女儿的角度看，房间里并不乱。她只是按照自己喜欢的方式把它布置了一下。她砰的一声关上门，是在传达这样的信息：'我在家里不重要，你的规矩比我的享受更重要。'"

弗雷德的错误是，他认为自己是管教者，而不是单纯的见证者。他需要学习以不同以往的方式与孩子相处。作为见证者，走进房间后，女儿的脚、书和奶昔不会对他造成困扰，他会因为女儿的惬意而放松，并且享受这种轻松的氛围。如果他允许自己感受到这一点，就能心平气和地坐下来欣赏电视节目，或者从容地走过房间，脸上挂着"看到你这样舒服，我很高兴"的微笑。

值得庆幸的是，弗雷德了解到，他的态度是避免家庭冲突的关键，也能够解决自己潜意识里对与人亲近的恐惧。通过治疗，他开始明白，一旦与孩子的本来面目建立联结，放下自己对亲子关系的设想，就会更新与孩子的相处模式；孩子也会更加尊重他的愿望，不会觉得他是自私又强硬的父亲。

"我听到你，我看见你，我接纳你。"这是见证人的有力宣言，也是改变游戏规则的关键。这对父母来说是一种新的育儿方式，它足以避免围绕纪律引发的各种战斗，促成联结的开始。

进入静默，保持开放和接纳的能力，对见证者来说是一项挑战。为了帮助他们调整状态，我经常建议客户集中关注以下几点：

眼前的人是我的老师，我过去不曾意识到这一点。眼前的情景会扩大我的视野，我会从自己的发现中受益良多。

眼前的人是作为朋友来到我身边的，而不是敌人。

眼前的情景是我内心状态的反映，我如何应对则反映出我的自我感受。

眼前的情景在不完美中自有完美，而我也是这样。

I IS FOR INQUIRE
Chapter 28 调 查

调查意味着了解真正的事实,友好地邀请孩子向我们揭示自我,同时无需害怕我们的评判与控制。

字母 I 意味着调查。需要声明的是，调查并不是指父母要像侦探一样窥探孩子的生活，而是说父母要了解事态的深层原因。调查包括两个方面，但都与盘查和审问孩子无关。

　　首先，我们要明白我们永远无法真正了解一个人，而且那也不是我们的任务。调查的目的并不是弄清楚这个人究竟是谁，而是全心全意与对方建立联结，让他们用自己喜欢的方式对我们袒露内心。这要求我们承认，我们的存在方式只是人类的众多存在方式之一，此外还有许多其他的可能性。每个人都有权利表达其独特的生活方式，即使那对我们而言是完全陌生的。

　　因为人类是如此复杂的生物，我们眼中他人的行为并不能代表他们真实的样子。由于我们无法确知成为别人是什么感觉，所以只能渴望以和他们建立联结的方式，促使他们自愿地将一部分内心世界袒露给我们。

> 由于我们无法确知成为别人是什么感觉，所以只能渴望以和他们建立联结的方式，促使他们自愿地将一部分内心世界袒露给我们。

对于另一个进入我们生活的人，尤其是当这个人是我们的孩子时，我们拥有一定的特权。在他们的世界中存在，对我们而言是一种奇妙的体验，以至于我们永远不会试图控制他们。我们的唯一要求是让孩子信任我们，向我们展示其本来面目，以及对他们而言真正重要的东西，从而使他们能够绽放独特的自我。

当我们发现了孩子身上的美好之处及其令人惊叹的独特个性，就能完全尊重他们，逐渐理解和包容他们的不完美之处。我们的责任是保护孩子，支持其保有自我，决不把我们的方式强加在他们身上。不提供直接指导，而是让孩子反思自己最深层的愿望，使其开花结果。

其次，发现行为背后的原因——这个原因是针对父母而言的。比如，我们做了什么，让孩子如此反应？我们做了什么，激发出他们反常的行为？如果孩子需要某种形式的帮助，比如专业的干预，我们如何尽力提供这种帮助？

根据多年的治疗经验，我发现，人们的行为总有充分的动机。这并非某种自我开脱的借口，而是帮助我们理解他人感受、承认他人需求的关键。尤其是对我们的孩子来说，重要的是分析其行为背后的意义。

很多时候，当我们询问他人行为的原因时，往往倾向于指责，而不是对于原因的真正调查。我们不是真正渴望了解孩子，只是想改变他们。除非我们怀有真正好奇和开放的心态，否则调查将走入死胡同。"为什么"甚至会变成掩饰评判与控制的工具。

Chapter 28 调查

调查意味着寻根究底，了解真正的事实，友好地邀请孩子向我们揭示自我，同时无需害怕我们的压制。

以 14 岁的玛丽莲和她母亲达琳为例。她们找我治疗的目的是解决各种典型的家长与青少年的问题。母女两人都觉得痛苦、疲劳和怨恨对方。从表面上看，玛丽莲的成绩突然一落千丈，她已经无心上学。"她为什么会变成这样？"她的母亲问，"如果总是考低分，又怎么会成功？她为什么意识不到她正在毁掉自己的人生？"

我告诉达琳，这些问题并不是在真正调查玛丽莲成绩下降的根源。母亲向孩子传达的信息是："看在上帝的份上，你能不能别再看那些愚蠢的电视节目，像过去一样把时间用在学习上？"换句话说，达琳的"问题"只是她因为无法解决问题而感到沮丧的一种表达方式。她的提问中既没有好奇，也不真正渴望了解。她只是觉得女儿在故意搞乱自己的生活，女儿的行为需要被纠正。

"那么，我应该怎么问？"达琳说。我们静静地坐了几分钟，最后达琳打破了沉默。"我真的尽力了，"她说，"我以为我在表示自己的关心，我不知道还可以用哪些方式说出我想说的。"

很显然，达琳不知道玛丽莲为什么突然对学习失去兴趣，也不知道如何以女儿感到安全的方式与其联结。但她的态度已经有所改变，这足以更新家庭中的气氛，让玛丽莲察觉到母亲释放的想要理解她的信号。

我对玛丽莲说："你为什么不跟你妈妈分享你真正的感受呢？"

玛丽莲直接对达琳说："你其实不关心我的情况，妈妈，你从来不花时间陪我，让我和你分享我的事情。你只想知道我考得怎么样，考了多少分。你更关心我有多么聪明，一点也不在乎我的感受。"

达琳惊讶地张大嘴巴，说道："你是什么意思，'你的感受'？我总是问你过得好不好，你需要什么，但是你从不和我说。"

玛丽莲无奈地看着我。

我对达琳说："你的女儿刚才说的，对你来说非常重要。然而，你却指出她什么都不和你说，刚才我亲眼见到你是如何拒绝和她交流的。你只会反驳她的话，却不愿意倾听。你愿意再试一次，真正地听听女儿想对你说什么吗？"

达琳惊呆了，她第一次出现了无言以对的情况，这成为改变一切的催化剂。她无助地看着女儿，鼓起勇气表示："对不起，我没有听你说话。你能再说一遍吗？我真的想知道你身上发生了什么事。"

玛丽莲满眼泪水，一句话都说不出来。这时，达琳伸手握住女儿的手，彼此对视了好一会儿。然后，玛丽莲打破了沉默，讲出事情的原委。原来，有个男孩在追求玛丽莲，但他是另一个女孩的男朋友。所以，玛丽莲被朋友们孤立了，她甚至对上学失去了兴趣，她的成绩下降是情绪痛苦的表现。

当达琳明白了她的女儿正在经历什么，并且回忆起与同龄人交往的重要性以及自己年轻时的相似经历，她立刻对女儿的遭遇感同身受，从评判者变成了女儿的盟友。这让玛丽莲觉得与母亲分享心事是安全的。

前面我们谈到，由于家长的童年需求没有得到满足，所以想通过控制孩子来填补心灵的空虚。达琳的例子也属于这种情况。所以，当孩子察觉到我们的意图，就会避开我们。因为我们有私心，我们对他们的问题并不真正感到好奇，只是停留在肤浅的层面。而当孩子察觉到我们真的希望了解他们的遭遇，就会抓住与我们沟通的机会，回答我们的提问。接下来，我们要温和地引导他们认识自我，勇敢地面对生活中的问题，无论它们多么令人不快。

N IS FOR NEUTRALITY
Chapter 29 中立

●UT OF
CONTR●L

中立首先意味着我们要放下所有情绪包袱，不要有任何情绪暗示，不要对孩子的表白进行任何评判。

第一个字母 N 意味着中立。由于我们自己的情绪条件作用，我们倾向于把不必要的情绪带到与孩子的互动中。举例来说，如果我们希望孩子收拾玩具、把衣服放进柜子或者收拾碗盘，常常不经意就会让孩子觉得我们是带着负面情绪向他们提出要求。习惯于从情感而非逻辑层面作出反应的孩子，会以同样的情绪回应我们，这就定下了互动的基调。如果他们从我们的语气里听出不满和焦虑，就会生出一定的抵触，因为他们觉得无法在情感层次满足我们的需求。

以要求孩子收拾碗盘为例，我们向他们传达的信息不是要把餐具放好，而是要满足我们的需要。所以，用平和的语调说"请把盘子拿走"和带着轻微的不耐烦说出同样的话，可能会获得不同的回应。孩子一开始很可能对我们的要求置若罔闻，结果令我们的恐慌加剧，觉得自己无法控制事态，就会不由自主地提高声音。如果这样仍然没有实现预期的效果，我们也许会愤怒地大喊："有什么问题吗？你为什么总是不听话？"孩子则会惊惧而愤恨地看着我们，根本不知道这是怎么一回事。

如果父母能够全面地看问题，提出的要求就自然地具备说服力。

就算孩子没有照做,父母也会保持平静,站在孩子的角度考虑,与他们保持眼神接触,坚决而温和地传递这样的信息:"是不是有什么原因,让你无法满足我的要求?我希望你能够尊重我的需要,把碗碟端走。"然后家长可以离开房间,相信孩子随后就能把餐桌收拾好。

中立首先意味着我们要处理自己的情绪状态,放下所有情绪包袱,不要有任何情绪暗示,比如:"如果你不这样做,我会很失望。""我为你感到丢脸。""你难道看不出我是多么需要你的帮助吗?"诸如此类的潜台词对实际交流毫无用处。

实际上,即使是第一次对孩子提出要求,也很少有父母能够做到完全不带感情色彩,比如让孩子收拾自己的衣服。我们通常已经在要求中注入了情绪,孩子正是对这些情绪作出反应,结果适得其反,冲突就随之而来。

在处理家务问题方面保持中立并不难。然而,如果你发现你13岁的女儿在和她的男朋友做爱,还能不能保持中立呢?

多数父母在这种情况下的第一反应是大发雷霆,并且感觉自己有充分的理由这样做。所以,我们通常会拿出机关枪横扫一气。"我的女儿怎么变成了这样?"我们问自己。在我们的脑海中,她似乎会变成青少年妈妈,被学校开除,成为无家可归的流浪女士。当然,这些想法足以让我们崩溃,不是吗?

我们的愤怒倾向是可以理解的。孩子的这种极端行为很容易唤起我们巨大的恐惧。我们知道的唯一应对这种压倒性恐惧的方法是愤怒。如果我们关心孩子,在这样的时刻,又怎么能保持"中立"呢?

如果一个13岁的女孩变得性活跃,无论她是有几个临时性伴还是一个固定男友,都反映出她内心深处的匮乏。她可能强烈希望与父母建立有意义的联结却无法实现,以致于感受不到内在自我的存在。由于缺乏坚实的依靠,她可能会从任何可能的地方找寻情感联结。在这种情况下,一个男友或某种临时性的关系,就为她提供了某种自我的支持。为了获得虚弱的自我价值感,她愿意付出任何代价。这就是为什么陷入这种情况的女孩甚至愿意选择贩毒来换取自我肯定的感觉,结果她们为此付出了被监禁的代价。因此,孩子需要我们帮助他们发展情感。

我们经常听说,某个孩子的行为表现出自卑心理。这样的术语太笼统,并没有实际意义,而且带有评判色彩。仿佛女孩子就应该自我感觉良好,自视甚高。像"荡妇"和"妓女"这样的名词,被用在那些性关系随便的女孩身上,好像她们是在出卖自己的身体。甚至连"未婚妈妈"一词都充满了嘲笑和轻蔑,似乎这样的女孩毫无尊严。

当我们意识到孩子行为背后的情感需求,明白它已经压倒了孩子的逻辑和良好的判断力,那么就该明白,指责孩子只能适得其反。这不仅会加剧孩子的内疚,更会激化亲子间的冲突。

> 当我们意识到孩子行为背后的情感需求,明白它已经压倒了孩子的逻辑和良好的判断力,那么就该明白,指责孩子只能适得其反。

在这样的危机中,父母要弄清楚孩子正在经历的情感匮乏,然后在此层面上进行干预。我们要避免评判、谴责或控制孩子,要意识到我们的情绪能量是造成亲子联结断裂的主要因素。

父母在这种情况下作出的反应往往是不得要领的。我们的激烈反应只是想要减轻自己的愧疚感,并将焦虑感转移给孩子。孩子就像是脱缰的马,此时父母想要利用权威把孩子关在家里,禁止她出门见朋友,为时已晚。宵禁无法改变目前的状况,限制她与男友接触也无法减轻事态的严重性。这些外在的措施不仅无法触及到孩子痛苦的根源，甚至还会迫使孩子作出更彻底的反抗，比如离家出走，甚至到街上做妓女，屈从于皮条客的控制。因为对方给予她一种可悲的扭曲的自我价值感。

在这样的时刻，父母收敛自己的反应是很有必要的，但也是遭遇此类危机时最难做到的。他们需要认识到，这是孩子的深层需求多年没有得到满足而导致的结果，仅凭一两次谈话和治疗是不足以拨乱反正的。

中立允许我们采取有意义的行动，它与情绪的反应截然不同。中立能够删除阻碍形势的情绪杂草，让我们可以清楚地看到有用的方法。如果事态特别严重，我会送父母与孩子去参加为期一周的强化治疗，在那里亲子双方可以在专业指导下全心全意地深入治愈过程。话虽如此，我想强调的是，这只是一个开始，多年的情感空虚不可能在一个星期内得到填补。

随着时间的推移，父母与孩子的联结会重新建立起来，这会帮助孩子与内在自我重新建立联结，认识和珍惜自己的真正价值。有一点很重要，父母要容忍女儿生活中男友或其他友人的存在。孩子认识自我的必要条件包括率先改变她的行为。在此过程中，父母的作用不是支配，而是进行联结。由此，孩子的情感需求会逐渐转变为自我价值感和力量感，他们开始为自己设定更高的标准，亲近那些能够支持自己发挥潜力的事物和人。只有他们自己能做到这一点。父母的作用是提供一个帮助孩子茁壮成长的环境。

我在年轻女孩过早发生性行为的例子中提出的原则，也同样适用于滥用药物等风险行为或者成绩下降的情况。父母的干预程度取决于情况的严重性。16岁的孩子偶尔抽烟，与13岁就吸可卡因的情况是非常不同的。但所有这些行为的核心是孩子的需求，父母干预的程度应该与孩子的需求相匹配。

说到子女问题的核心，我们可能遇到很多情绪上的痛苦。通常我们会通过愤怒、指责或悲伤来表达痛苦。这些都是父母承受的沉重情绪。而中立则意味着我们能够容忍情绪，从而有能力帮助孩子容忍他们自己。我们越实事求是，就越能理解孩子的情绪，使他们逐渐学会表达自己。在适当的时候，他们内在的冲动就会消散。

对于父母有意识地创造空间，让孩子表达情绪的做法，我的一位客户称之为"感觉工作"。她曾经为此努力过六周。当她十几岁的女儿放学回家后，她便帮助女儿适应家庭环境，然后邀请她分享自己的感受。因为青少年每天都会遇到社会和校园政治的压力，所以这位母亲很重视女儿与同龄人的交流。她鼓励女儿每天下午都描述一下自己的感受，她们会在一起相处30分钟，写作、绘画、记日记，或者讨论孩子的情绪。母亲耐心的倾听，让女儿知道自己的想法不会受到指责或纠正。几周结束后，孩子开始主动采取措施解决自己的问题。

同样的原则也适用于父母发现青少年吸大麻、服用避孕药、伪造身份证等情况。为了有效的干预，父母需要充分理解孩子的感受，承认触发其行为的情绪。父母也可以邀请朋友或者治疗师帮助孩子管理他们的情绪。要让孩子意识到，除非能够处理自己的感受，否则不仅无法治愈自己，反而会面对更多的混乱。

一旦父母觉得在情感上保持了中立，就可以与孩子展开对话。比如这样说："我在你的房间发现了这些东西，起初我很震惊，但现在我只想了解你遇到了什么事。"当孩子察觉到我们的开放和坦诚，发现我们情绪平静，真正关心他们的问题，孩子就会愿意对我们倾吐心声。

无论听到孩子说"我恨你"或"这都是你的错"时，我们有多么难受，都必须记住，情绪反应只会搅浑水。不要对孩子的表白进行任何评判，只有这样，情感的中立性才会成为可能。

N IS FOR NEGOTIATE
Chapter 30　协 商

如果父母能够教会孩子协商谈判,就是鼓励他们将生活视为创造的过程。通过协商,他们既学会自我主张,也学会了解和兑现他人的愿望。

第二个字母 N 意味着协商。谈判的艺术是最有价值的技能，我们可以利用它处理生活中的各种复杂情况，恰如其分地表达我们的意愿。

如果父母能够教会孩子协商谈判，就是鼓励他们将生活视为创造的过程。孩子就会知道，自己有能力影响事件的结果，并促进人际关系变得充实，充分实现自己与对方的个人权利。

父母应该都希望孩子获得这方面的能力。然而，在实践中，我们却经常在某种程度上削弱孩子的协商能力。比如，采取管教的方式，向孩子宣布"要么听我的，要么滚蛋"。

虽然"协商"这个词在商业世界中充满戏谑的意味，但我认为它的本质含义还是谈判。对于许多人，尤其是企业界的人来说，谈判往往是在对手之间展开的，其核心目的是利益，总有一方受益，一方吃亏。然而，还有一种类型的谈判，其结果是互赢互利，双方都是赢家。

缺乏谈判技巧的孩子，只会用非黑即白的对立眼光看问题。面对一件事，如果不是完全采取你的办法，就是完全采用我的办法。他们认为，要得到自己想要的东西，唯一办法就是向父母叫板，给父母施加足够的压力，迫使父母就范。

然而，生活是复杂的，许多情况下并不适合采取非黑即白的解决方案。例如，我们有三个孩子，我们可以和他们一起玩游戏，通过游戏向他们说明，对于一个问题，至少有三种不同的解决方案——A方案、B方案和C方案。只要保持足够的开放和灵活，就可以把它们总结出来。假设一方想要A方案，另一方赞同B方案，那么不妨同时照顾到双方的需求，商讨出C方案。要让孩子们意识到，想要解决问题，就得先放下成见，共同寻求新的见解，实现开拓创新。

很多家长可能认为，协商的方法会把太多的权力交给孩子。然而，父母的育儿目标恰恰是根据其成长水平不断赋予孩子自主权，最终实现孩子的自我管理。而且，父母难道不应该乐于见到孩子变得强大吗？为什么要害怕他们的力量？这种恐惧也许来自父母内心深处的不安全感和不满足感，希望让自己保留一种虚假的优越感。

我想起了和父亲一起来做治疗的男孩泰勒。他想摆脱父亲安排给他的辅导老师，并恳求父亲，不要再给他辅导西班牙语和英语了。为了证明他不需要帮忙，泰勒拿出成绩单，表示他的分数提高了。在随后的谈判中，泰勒提出，如果能够取消他的西班牙语和英语辅导，他就同意继续其他课程的辅导。

当我表示泰勒的建议很公平的时候，他的父亲反驳道："但是，如果我同意了，他就会觉得是他在说了算。"

我反问道："一开始是谁决定给孩子安排这么多的辅导老师的？"

"是我，"他父亲不好意思地承认，"我希望他实现成功的人生。"

"你当然会这样希望，"我说，"但是，你的儿子觉得吃不消，他希望你能给他减少一半压力。这样安排并不意味着他说了算，没有人需要说了算，我们的目的是在彼此尊重和彼此考虑的基础上满足每个人的需要。"

有一点很重要，我们协商的问题在生活中并不起决定作用，我们不会就各种重大的安全和福祉问题进行协商。例如，假设你有证据表明碳酸饮料不利于孩子的健康，那就应该毫不犹豫地在家中禁止碳酸饮料。如果你需要履行父母的责任指导孩子，不要有一丝迟疑和畏惧。

如果某个问题不具备那么大的原则性，那就不妨让孩子参与协商解决问题。例如，一个孩子想在周六、周日两天和朋友们出去玩，但母亲觉得孩子玩一天就可以了。孩子坚决要玩两天，而母亲希望强迫孩子服从管束，她的想法是："你是个不听话的顽固孩子，你只要听我的就行了，因为我是家长。"

就在母亲准备说教孩子的时候，孩子说："我有一个解决方案，如果我按照你的要求，在星期五晚上写完作业，就出去玩两天好吗？你是担心我写不完作业，不是吗？"

母亲立刻意识到，一旦听到孩子的反对意见，她就会不自觉地切换到控制模式。幸运的是，这次她选择不控制。她担心的是孩子出去玩的时候会胡闹，但她知道，自己不可能全程监控孩子玩的过程。为了不挑起控制权争夺战，她决定看看孩子是否具备与父母协商合作的能力。

虽然妥协意味着我们要放弃一些重要的东西，但也会在协商的基础上获得双赢的解决方案。在谈判过程中，我们寻求双方的利益最大化，互相促进，而不是强迫其中一方投降。我的意思是，虽然妥协和牺牲等词语会让我们有失落感，但合理协商的基础是基于实践和对无限可能性的认识。我们的指导思想是，假设世界上存在一种皆大欢喜的解决方案，我们只需找出它来。当考虑到无限的可能性时，我们就会很快意识到有各种各样的选择。

> 虽然妥协意味着我们要放弃一些重要的东西,但也会在协商的基础上获得双赢的解决方案。在谈判过程中,我们寻求双方的利益最大化,互相促进,而不是强迫其中一方投降。

有效地进行谈判,关键是能够容忍冲突。如果我们不能忍受冲突,只想着自己的需求,就会放弃一些重要的东西,失去自己某方面的优势。在这种情况下,我们不会满意结果,只想逃避冲突唤起的焦虑。所以,为了获得最大的成就感就要忍受焦虑,意识到凡事皆有冲突,尤其是在亲近的人际关系方面。

人们常常害怕冲突,似乎不想表达反对的看法。如果你是个情绪稳定的人,你永远不该公开反对别人,不是吗?所以,那些表面和睦、孩子行为却十分反常的夫妻,往往会告诉我:"我们从不争吵。"当我告诉他们,我从不把是否争吵作为健康的人际关系的指标时,他们都很惊讶。我解释道:"我不相信没有冲突比有冲突的关系快乐。"家人之间,关键不在于是否经历冲突,而在于如何通过协商解决问题。冲突本身就包含着发展的种子。

> 通过协商,我们既学会了自我主张,也学会了尊重和兑现他人的愿望。

通过协商,我们既学会了自我主张,也学会了尊重和兑现他人的愿望。

E IS FOR EMPATHIZE
Chapter 31　共 情

父母需要做的就是倾听和陪伴孩子,用一种全然和谐的方式与他们同在。

字母 E 意味着共情。克里斯特的生活充满了各种创伤和悲剧，她出身贫寒，弟弟因为贩毒送了命。她很早就知道如何在严酷的现实中自我保护，把情绪包裹起来，但越是不敢正视痛苦，她的情感伤口就腐烂得越厉害。

亲密关系对克里斯特而言具有挑战性。每当恋爱关系有所进展，她就开始退缩，经历了一连串的失恋后，她来找我诉苦。"我所有的男朋友都觉得我冷酷无情，"她说，"他们害怕我，说我铁石心肠。"

我向她解释了过去的痛苦和挣扎是如何促使我们在自己的感情周围建立高墙的，这让我们觉得自己得到了保护。难以忍受的痛苦迫使我们封闭了内心深处的情感，导致我们害怕与任何人接近，因为我们告诉自己，这样做就不会再次受伤。

如果创伤发生在生命早期，我们会倾向于认为别人都是残酷的，只有把自己也变得残酷才能自我保护，这是我们认为的避免痛苦的唯一办法。然而，如果在以后的生活中旧伤发作，这样做就会产生相反的效果，甚至带来巨大的伤害。

经过治疗，克里斯特敞开了心扉，她开始重新审视被自己埋葬的感情。像慢慢开放的花朵一样，她品味着那些经历中的酸甜苦辣，逐步回归生活。她发现自己开始以全新的方式与人交流，不再畏惧建立亲密的情感联系，而且越来越相信自己处理情感疼痛的能力。

当我们意识到自己是以不完美的姿态活在一个不完美的世界上时，就能学会忍受随之而来的焦虑，也就能对同样经历挣扎的他人持有开放的态度。因为经历过类似的痛苦，我们能够更好地理解他人。当然，这并不意味着我们能准确感知或预测他人经历的一切，而是说在对方经历痛苦的时候，我们与他们同在。我们只需要尊重每个人对自我的探索与发现，而不需要勉强自己搞定一切。

人们经常问我："如果我不告诉对方我很担心他，提出我的意见或减轻他的痛苦，那么对方怎么知道我关心他？"

我回答："你把'关怀'等同于'做事'了，共情伴随的是对别人及其人生旅程的尊重。虽然痛苦令人难受，但也是人发展和强大的不可或缺的情感因素。我们要相信自己和他人的愈合能力，相信生活会变得更好更充实。"

> 只有在情感上与内在自我建立联结，我们才有可能与他人产生共情，看到他们的本来面目。

只有在情感上与内在自我建立联结，我们才有可能与他人产生共情，看到他们的本来面目。无论我们将对方的问题看得极其严重还是微不足道，都无关紧要。我们没有资格评判他人，因为每个人的经历以及他们能够承受的东西，都是独一无二的。我们需要做的是用一种全然和谐的方式与他们同在。

坐下来与他人分享痛苦的情绪深具挑战性，因为我们的本能是将他人从其痛苦中拯救出来。所以，如果什么都不做，我们会觉得焦虑，会忍不住想去干涉对方。

在未经训练的人看来，拯救就是共情，但这是错误的观点。在痛苦的人面前，我们自己的焦虑会被触发，但只有忍受这种焦虑，才能表现出真正的共情。共情他人的关键在于，我们不去劫持他们的感情经历，试图用我们自己的取而代之——这是很多人都会落入的陷阱。如果告诉对方你也有类似的经历，就会将解决问题的过程复杂化。

当有人身在痛苦中，我们往往会用陈词滥调安慰他们，比如："上帝为你制订了一个计划。""你放心，一切都会好起来的。"或"任何事情都有原因。"这些话对痛苦的人毫无意义，只能创造我们和他们之间的距离。

我们大部分时间里要做的就是倾听和陪伴。如果你觉得需要共情，就保持沉默，直视对方的眼睛，全神贯注于对方的感受。只需保持沉默。如果对方发起讨论，你的目标永远是引导他关注自我。

如果无法对孩子和自己的人生痛苦产生共情，就会陷入自我欺骗。因为只有正视痛苦，才能体会到生活的喜悦。换言之，体验痛苦的灼烧刺痛是我们与生俱来的能力，煎熬平息之后，我们才能获得快乐。

我们都希望把孩子培养成富有爱心、乐于助人的成年人。这需要我们在孩子小的时候就从细微处着手，向他们展示出共情的品质。如果孩子打破了我们最心爱的花瓶，我们大骂他们，仿佛他们放火烧了房子一样，那么我们教会他们的是逃离而非抵达自己的世界。他们获得的是匮乏而非充实的感觉。结果，我们渐渐扼杀了孩子无私的能力。

共情位于纪律的反面。共情让我们既能忍受痛苦，又能享受快乐；而纪律只会削弱我们深入理解他人的能力。因为纪律涉及操纵和控制，它永远限制我们体验生活的深度。实际上，纪律在生活的高速公路上竖起了"道路封闭"的告示牌。

R IS FOR REPEAT, REHEARSE, RESOLVE
Chapter 32 重复、练习和解决

通过做自己,孩子将走出一条真实而独特的道路。

字母R除了意味着解决，也代表着重复与练习[①]。我们先从"解决"说起，因为重复、练习的目的是为了解决问题。"解决"有双重含义：解决冲突，父母需要解决方案。

解决冲突意味着手头的问题被完全处理，不留任何情绪等方面的残余。这就要求我们采取决断的态度，它也是我们的孩子需要从小就学习的一种性格特质。

我看到很多家长由于问题的复杂性而无法找到出路，困惑和犹豫成了他们常见的情绪状态。很多人都习惯被生活的困境虐待，甚至无法想象积极的感觉。这种消极情绪是癌细胞，会很快吞噬我们的生活中每一段良好的关系。

当客户到我这里来，表示他们一直和孩子就某个特定问题僵持不下的时候，我会先问他们是否愿意改变自己的心态。由于他们觉得自己必须作一些戏剧性的努力才能改变现状，所以当听到我只要求他们改变心态时，他们都会很惊讶。的确，解决问题的第一个步骤是完全

---

① 字母R也是repeat（重复）与rehearse（练习）的首字母。——编者注

指向内部的，它涉及个人的心态。

我对进退两难的客户解释说，每个问题都只有三种可能的解决方案：改变现状、接受现状、脱离现状。如果我们不可能做到其中的某一项，那么就需要从剩下的两个选项中进行选择。

我们该如何改变现状？首先就是改变心态。但是然后呢？我们如何帮助孩子改变他们的行为？最有用的工具是重复和练习。正如我前面所说，我会和客户采取角色扮演的方法。通过重复和练习，孩子会习得新的行为模式，并发展出一种掌控感。

家长们经常问我："角色扮演需要进行多久？"

我总是回答："只要它帮助孩子养成了新的行为模式。"如果我们想创建一个新的常规，肯定需要时间。但是，创造新常规的目的是培养新的习惯，让父母尊重事实：我们的孩子不是"坏"，只是缺乏技巧。

我用角色扮演来模拟各种日常生活的场景，这对孩子适应过渡阶段尤其有效，比如上学的第一天、遭遇危机和冲突时等。每个家庭成员扮演一个角色，继而轮流扮演彼此的角色。因为每个家庭成员都体验到了扮演他人时的感觉，他们的洞察力和共情能力都得到了提升。当我们都经历了换位思考，就可以集思广益，发现解决方案并予以执行。

这种方法不可能一蹴而就，它需要耐心、时间以及往往是复杂的协作。无论家长们怎么说，我发现很少有人愿意在这个层面上投入精力，寻求真正可行的解决方案。它需要高度的技巧和充足的决心。

困难在于，我们许多人都不愿意选择一个特定的方法并坚持下去。我告诉父母们："如果你们下不了决心去改变，并做到需要做的事，就只能接受现状，不要发出怨言。改变或者接受现状都是你们作出的选择，要有勇气接受自己的选择。"

> 无论我们决定如何应对某个挑战，孩子都需要在个性受到尊重的氛围中成长，他们将学会信任自己内心的声音，挖掘内在的潜力，克服生活的困难。

技巧和决心都是不可或缺的。关键在于，无论我们决定如何应对某个挑战，孩子都需要在个性受到尊重的氛围中成长。在这样的氛围中，他们将学会信任自己内心的声音，挖掘内在的潜力，克服生活的困难。因为父母为孩子营造了有利于他们运用自己的能力和感觉解决问题的环境，所以孩子将不惧怕痛苦、孤独或愤怒，也不需要通过唤起这些情感来保护自己。他们会以开放的心态和高度的技巧面对和解决出现的困难。

强大的决心不仅能帮助孩子应对生活的挑战，还能支持他们人生的冒险。尊重孩子个性与感受的父母，能让孩子学会利用他们的长处来弥补各种局限。他们明白，自己的长处和短处共同构成了整个的自我，不会因为自身的不完美而感到困扰。事实上，他们凭直觉认为，这正是使他们成为具有共情能力的人类的原因。

虽然家长习惯用惩罚性的方法来培养孩子，但糖衣炮弹如今也盛行起来。我经常听到很多家长对孩子说："哦，你是如此特别。"据说这是为了激励孩子，提高孩子的自尊。实际上，这种方式常常产生反作用。父母的赞扬让孩子无法认识真正的自我，只会形成一种虚假的安全感。告诉孩子他们是"特殊"的，会让他们觉得自己大大地超越了别人，这种赞扬承载着微妙的讯息："因此，你需要比别人做得更好。"这种赞扬与告诉孩子他们非常可爱、完全地接纳他们、鼓励他们成为真正独特的个体是根本不同的。

说孩子"特殊"，也会有使其自我膨胀的风险。虽然流行的做法是告诉孩子："你可以成为你想成为的人。"但那根本不是真的。把特殊性和心想事成相提并论是矛盾的,一方面否定了人无完人的现实,另一方面否定了个体的独特性和不妥协性——即便他们的生活并没有什么特别。所以,我们不能含糊地对孩子说:"你可以成为你想成为的人。"更有帮助的说法是:"如果你能做自己,而不去模仿他人或者成为别人希望你成为的人,就会发现表达自我的独特方式。通过做自己,你将走出一条真实而独特的道路,真正做到尊重自我。"通过这种方式,我们将重点转移到了与孩子的内心共融上,发掘他们最深的自我,而不是执着于不切实际的宏伟幻想。这就避免了很多问题的出现。比如,有的年轻女孩渴望自己拥有杂志模特的身材,于是经常挨饿减肥,即使她们缺乏天生的身材条件。

父母要认识到,决断力并不是人为强加给孩子的,而需要孩子不断发现自我。它是孩子在自然发展过程中产生的副产品,条件是父母需要反复引导孩子尊重内在的真实。

> 决断力并不是人为强加给孩子的,而需要孩子不断发现自我。它是孩子在自然发展过程中产生的副产品,条件是父母需要反复引导孩子尊重内在的真实。

一个孩子的价值不在于别人怎么看他,而在于他是否意识到自己的独特性。这一特质与孩子在学校、运动场或者乐队中的表现无关。如果孩子的自我评价受到了这些因素的影响,他的心理将是非常虚弱的。如果没有这些外在事物的支撑,孩子的自我价值感就有可能会崩溃。

当一个年轻人从自身发展出了决断力,也就具备了一往无前探索潜能的勇气。相反,一个缺乏决断力的年轻人,如果相信自己可以心想事成,最终可能会崩溃。这就是我们常说的"中年危机"。

换句话说,我们迄今为止发现的全部有利于孩子发展的因素,都建立在真实的基础上。它们与哄骗、操纵无关,它们将帮助年轻人进入成年期,为未来的人生构建坚实的基石,而非流沙。这样的人不会寻求成为父母期望的样子,而会坚定地努力做自己,保持自身的独特性;他们不会因为缺少自我身份认知而遭遇中年危机,不会出现所谓的虚假生活的崩溃,也不会等待去瓦砾中发掘真实的自我。

凭借非惩罚性的、与纪律无关的养育方式,我们为孩子的长远发展而非短期目标奠定了基础。它既非涸泽而渔,也决非拔苗助长,我们和孩子所取得的都是真实长久的成果。

> 凭借非惩罚性质的、与纪律无关的养育方式,我们为孩子的长远发展而非短期目标奠定了基础。

后 记

远离控制和纪律的育儿方式，对于大多数家长而言是一个挑战，因为它违背了传统教育观念的教导。这种转变要求父母具备一定程度的觉醒，从而接受一种全新的养育方式。可以预见，他们会遇到很多挫折，当然也会品尝到胜利的喜悦。有些时候，我们能够尊重生活的本来面目，充分认识到自己的情感，并与他人产生联结。在这种时候，我们体验到了内心的空灵，并对他人的经历感同身受。然而，只要一个微小的失误或者环境的变化，我们的能量就会转变，我们就会进入一种不觉醒的状态。

当一些事情触发我们的焦虑时，就会出现这种情况。当我们的满足感被威胁或安全感被破坏，就会变得焦虑。对于尚未解决的冲突，孩子的行为可能起到火上浇油的作用。父母的焦虑通常是由一些微小的因素触发的，很难确定它们究竟是什么。在环境的逼迫下，我们决定采取控制的方式。而我们的家人很容易察觉到我们的做法，也许还会毫不避讳地指出来。问题在于，我们是否会听从他们的意见，花时间平复内心的焦躁不安。当然，在这种状态下，接受意见和有效反馈是困难的，特别是当它们违背了我们的意愿时。然而，恰恰在这些时刻，我们有了释放负面信息、改变航向的机会。

如何在焦虑的状态下改变航向呢？我们如何才能具备这样的自觉意识？强烈的情绪一时之间是很难消除的，而且我们还需要放弃潜意识的剧本。由于我们在编排剧本方面投入了大量的时间和精力，所以我们千方百计地想要实现自己的剧本。因此，即使我们清楚地知道需要控制自己的愤怒，但依然会提醒自己，退缩将被视为软弱的表现。

那么，我们如何才能轻松地在冲突中撤退呢？每当我们进入战斗，就要作好损失的准备。在这样的时刻，我们无法专注于自我，无法活在当下。问题在于，我们打算让自己的过去主宰现在多久？我们打算和过去的幽灵作战多久？

每一个父母的人生故事背后，都隐藏着一个在一定程度上被剥夺了真实自我发展机会的孩子。现在，我们又把当年受到的压迫转移到自己的孩子身上，压制他们表达自我的意愿。诉诸于纪律的管教方式让他们无法活出自我，遭遇着和我们童年时代一样的命运。

我们的孩子生来就具有内在的完整性和价值，他们希望我们能够珍视与维护这种整体性和价值。如果我们因为自己过去的遭遇而漠视它们，那就是在否定孩子自我实现的基本权利。

父母需要亲近孩子的整体性，发现他们的价值，因为它们是孩子成长与发展的基础，理应获得我们的保护。这是孩子的权利，也是养育子女的神圣使命对我们的召唤。

附录1 在冲突时刻保持清醒的秘诀

1. 不要深陷其中

要弄清楚孩子的哪些行为会触怒我们,是粗鲁无礼,没有好好完成家庭作业,不按时睡觉,还是玩电脑?一旦弄明白我们面临的困难是什么,当我们再次被孩子触怒的时候,我们需要做的第一件事就是暂停。此时,我们应退后一步,深呼吸,直到冷静下来。这使我们能够暂时摆脱困境,给自己喘息的空间,避免反应过度。

2. 孩子的行为并非故意针对家长

虽然孩子经常处于我们生活的中心,但我们得明白,我们不是他们生活的中心。不仅如此,大部分时间里,我们对他们而言是沉重的负担,妨碍他们本能地享受生活的乐趣。当孩子对我们表现出不尊重或者愤怒时,我们需要记住,他们表现出来的情感更多是关于他们的内心世界,而不是针对我们。如果我们将自己对号入座,让自己的情绪被触发,就会失去理性,也就无法继续引导与支持孩子。

3. 自觉走开

试着主动离开房间冷静一下,而不是将孩子赶出房间。走出家门或者回到卧室,看看电视,分散一下注意力。当你离开现场,通常容易换个思路看问题。父母可以简单地说:"我要离开房间几分钟。"语气要冷静而坚定。当你暂时走开,你和孩子都获得了一定的喘息空间,这有利于亲子双方都冷静下来。你可以打电话给朋友、写日记、散步或看书——做任何能让你转换视角的事情。

4. 呼吸

学习专注于呼吸是一项有价值的手段，它能够帮助你平息脑海中肆虐的想法。没有比关注呼吸更为有效的方式了。我们只需要静静地坐着，观察呼吸的进行即可。

5. 假装每个人都在看着你

每当你被触怒，并即将作出反应的时候，不妨想象你正待在一个拥挤的房间里，所有人都在看着你。如果那些你认为很重要的人士正在看着你，你会如何反应？你会尖叫和呼喊吗？当你想象自己处于公众场合，处于众目睽睽之下，就会恢复原有的自控力。

6. 说出你的感受

我们拥有的最有效的工具之一就是沟通能力。我们可以说出自己的感受，而不是发怒。如果我们还不够冷静，还无法充分表达，也可以声明："我现在感觉很沮丧，我们最好暂时停止对话。"

7. 开玩笑

幽默是化解紧张气氛的最佳策略。我们可以唱歌、跳舞，戏仿某个严肃的瞬间。注意尊重孩子的感受，不要带有讽刺的意味。生命包含无限的创意，请相信幽默感的力量。

8. 兼顾原则

引导你的孩子寻求兼顾双方要求的解决方案。让孩子知道，他们的需求和你的需求同样重要。和谐生活的重要原则是设法让每个人的基本需求都得到满足。兼顾各方而不是固执己见。

9. 改变现状或者接受现状

请记住，面对现状，你总有选择的权利。如果你不愿意尽力改变当前的状况，那就不要责怪孩子的行为；如果你能下决心接受现状，那就没有抱怨的必要。通过这种方式，你至少能够改变亲子关系的动态。

10. 我们是一个整体

你的孩子与你的内在十分相似，你们拥有相似的愿望、理想、挫折和需求。不要把负面的动机投射到孩子身上，不妨退后一步，以积极的眼光看待孩子的行为。孩子的一举一动都在向你传递一些信息。请尽量弄明白，并试着去满足他们的需求。这正是你与孩子建立联结，成为一个整体的机会。

扫码立即获取→
15张"正强化策略"知识卡片，方便随时查阅

附录2　非纪律性的正强化策略

正强化是教导孩子明白，他们的目标是可实现且值得称道的。积极发挥正强化的策略，可以给育儿过程带来额外的收获。

需要说明的是，这种策略永远无法取代育儿过程的现实基础：亲子关系。如果家长只依靠外部动机，孩子永远也学不会如何制定和实现自己的目标。育儿的最终目的是鼓励孩子自我确认、自我激励和自我实现。

正强化本质上是一种关系型和经验式的策略。它们可以被用来帮助孩子完成各种任务，比如复习备考、处理家务、改善餐桌礼仪、停止打架等。下面是我在帮助客户的过程中总结出的15个方法。

1. 乐趣罐

在孩子房间放一个罐子，把孩子喜欢和父母或朋友一起从事的活动分别写在单独的小纸条上，塞进瓶子里。每当孩子完成了一周的目标，就从瓶子里抽出一张纸条，享受这项活动。

2. 360度反馈

每周一次，全家人坐在一起，给予彼此全方位的反馈，包括家务、合作、健康、目标实现、尊重他人等各个方面。每个人都要给自己和其他人写一句话。然后，大家一起讨论如何帮助每个人实现他们的目标。这是家庭成员分享彼此感受的好办法，孩子也可以看到父母坦承自己的局限，以及努力解决问题的意愿。

3. 角色扮演

每周一次，每个家庭成员回忆一个本周内发生的积极或消极的情境，然后用表演的方式再现它，彼此可以互换角色。接着，大家一起讨论当时的情境下什么方法管用、什么不管用，并阐明理由。

4. 创建图表

每一周，孩子都要创建一张一周计划表，写下一周的目标，描述目标达成后的感受，并决定如何奖励自己——不能要求父母买东西。孩子可以玩自己喜欢的游戏或活动，让全家人参加。这样做让孩子有机会管理自己的愿望，同时激励他们自己想办法实现它们。

5. 决定晚餐菜单

实现了自己目标的孩子，有机会决定晚餐吃什么。这能让孩子学会计划和准备晚餐，同时促使他们关注其他家庭成员的饮食习惯。

6. 珍宝箱

家长在一只箱子里装满五颜六色的铅笔、橡皮和马克笔，孩子每周从中选择一样东西，作为自己本周正面行为或完成目标的奖励。父母可以为孩子组织一个有趣的领奖仪式。

7. 沉默时刻

当孩子出现不良行为时，不要惩罚他们，利用这个机会鼓励他们沉思默想。例如，如果孩子缺乏礼貌或者打了别人，家长可以温和地把孩子带到一边，引导孩子沉思默想，让他们冷静下来。此时，父母可以坐在一旁，向孩子示范如何沉思。几分钟后，父母可以和孩子谈谈他的不当行为，也可以赞扬或拥抱孩子，因为他心情不好时能够安静下来。

8. 闹钟游戏

不要像警察一样监视孩子，不妨多利用闹钟。给孩子买一只有趣和易于使用的闹钟，预先设定当天各种活动的时间，比如写作业、洗澡、阅读和睡眠的时间等。当孩子在预定时间内完成所有的任务，可以在计划表上打钩。一周结束时，孩子将根据对勾的数量得到珍宝箱或乐趣罐中的奖励。

9. 录制视频

这个方法需要征得孩子的同意。如果孩子做出了积极的行为，家长可以录下来，在一周结束时播放给家人看。当孩子看到自己"在屏幕上"从事积极的行为，就可能被激励着继续这种行为。同时，家人也有机会称赞和激励孩子。

10. 让孩子做老师

让孩子学习一种行为的最好方式就是让他们教别人如何去做。不妨让孩子做老师，让他们指导父母的行为。比起告诉孩子该怎么做，这种方法不仅会提高孩子的自尊心，也有助于让他们主动深入情境。活动时间不妨选在晚上，提前准备，全家参与。

11. 礼仪聚会

如果你的孩子存在礼仪问题，不妨举办一个礼仪聚会。挑选几部有描述完美礼仪镜头的电影，与孩子一起观看其中的片段，并一起练习。比如，如何端茶杯、喝茶、吃饼干等。然后举办一个聚会，表现出最佳礼仪。

12. 阶梯挑战

在一张大纸上画一架梯子，在每个阶梯上写下不同难度的挑战，把它贴在墙上。假设最终的目标是读完一本很难的书，那么最初级的挑战可以是"大声和妈妈一起读两页书"，然后是"自己读两页书"，难度逐级增加。这个办法会让孩子觉得有成就感，并教会他们，每一个大的任务都可以分解成更小更容易实现的任务。这个阶梯可以和一周计划表结合使用。

13. 我今天有什么冒险？

和孩子谈谈冒险的重要性，以及犯错误的重要性——这一点更重要。让孩子明白，如果没勇气犯错误，就永远不会迎接新的挑战。这项练习帮助孩子学习新的行为和自我挑战。让每个家庭成员谈谈一天中他们最大的失误是什么，比如忘记运动、搞砸钢琴练习或是忘记了别人的生日。失误越大，掌声越响。这个方法让孩子不再为自己的错误感到惭愧，也不用担心被谴责。我们也可以讨论改正错误的方法。

14. 与妈妈或爸爸约会

这是一种很流行的正强化方法。当孩子完成了自己的目标，他们可以选择与妈妈或爸爸进行一项特殊的活动，共享二人世界。这有助于强化积极的行为，加强父母和子女的联结。

15. 爱的便条

在孩子的午餐盒里、鞋子里、浴室镜子后面或任何随机的地方留下字条，告诉他们，他们的哪些行为令你感到自豪。内容越具体，效果越好；与结果相比，最好是强调行为的过程。例如，这样说更好："你多花了10分钟练习那段很难的大提琴曲，我看见你虽然很累，却依然坚持。这非常棒，我为你感到自豪。"

致　谢

感谢康斯坦茨·克拉夫——你的信任和支持非常宝贵。没有你的远见，就没有今天结出的硕果。向你致以最大的感激之情。

大卫·罗伯特·奥德——你的协作和编辑才能是这本书的支柱。你是我人生中的珍贵礼物之一。

感谢所有允许我了解他们生活的客户——你们寻求改变的勇气鼓舞人心。

我的家人——你们是我最大的福气、我的心灵风景和我的情感基石。于我而言，你们意味着整个世界。

我的女儿玛雅——我渴望学到一点点你强大的内在自我。你是我独一无二的老师。

我的丈夫奥兹——你能见我所未见，在我放弃时，你仍然相信。你是我的磐石、我的火焰。

图书在版编目（CIP）数据

父母的觉醒.2,如何培养自觉的孩子/（美）沙法丽·萨巴瑞（Shefali Tsabary）著；孙璐译. —上海：上海社会科学院出版社,2020
书名原文：Out of Control：Why Disciplining Your Child Dosen't Work and What Will
ISBN 978-7-5520-3158-4

Ⅰ.①父… Ⅱ.①沙… ②孙… Ⅲ.①家庭教育—通俗读物 Ⅳ.① G78-49

中国版本图书馆CIP数据核字（2020）第068332号

Copyright © 2013 by Dr. Shefali Tsabary.
Copyright licensed by Waterside Production, Inc.
arranged with Andrew Nurnberg Associates International Limited

上海市版权局著作权合同登记号：图字 09-2020-196

父母的觉醒.2,如何培养自觉的孩子

著　　者：（美）沙法丽·萨巴瑞（Shefali Tsabary）
译　　者：孙　璐
责任编辑：杜颖颖
特约编辑：贾凌芝
封面设计：主语设计
出版发行：上海社会科学院出版社
　　　　　上海市顺昌路622号　邮编200025
　　　　　电话总机 021-63315947　销售热线 021-53063735
　　　　　http://www.sassp.cn　E-mail：sassp@sassp.cn
印　　刷：天津旭丰源印刷有限公司
开　　本：710毫米×1000毫米　1/16
印　　张：17
字　　数：200千字
版　　次：2020年7月第1版　2023年10月第7次印刷

ISBN 978-7-5520-3158-4/G·919　　　　定价：46.80元

版权所有　翻印必究